Spaß und Spiel

Anregungen für fröhliche Stunden
mit Vorschulkindern

Volk und Wissen
Volkseigener Verlag Berlin
1988

Ausgewählt, zusammengestellt und bearbeitet
von Inge Borde-Klein, Marga Arndt, Waltraut Singer,
illustriert von Regine Grube-Heinecke

Inhalt

Vorwort   15

Schöner Unsinn

Stunden, wo der Unsinn waltet *Aus: Alles Unsinn*	22
Schnitzelputzhäusel *Aus: Alles Unsinn*	22
Gicksgacks *Nach: Ich will euch was erzählen*	23
Ich auch *Volksreim*	23
Das Märchen *Volksreim*	23
Es war einmal ein Mann... *Kinderreim*	24
Der Vielfraß *Nachdichtung Heinz Kahlau*	25
Kaffeereim *Kinderlied*	26
Didel, Dudel, Didel *Nachdichtung Heinz Kahlau*	26
Drei weise Männer *Nachdichtung Heinz Kahlau*	26
Der Mann von sehr weit her *Überliefert*	27
Dickeri, Dickeri, Dur *Nachdichtung Heinz Kahlau*	27
Regen, Regen *Nachdichtung Heinz Kahlau*	27
Die Taube sagte: Cu! *Nachdichtung Heinz Kahlau*	27
Zwei Möwen *Nachdichtung Heinz Kahlau*	28
Was ist falsch – wie ist es richtig? *Überliefert*	28
Kuddelmuddel *Verfasser unbekannt*	29
Lügenmärchen (Eine Kuh...) *Gustav Falke*	29
Verkehrte Welt *Volkslied*	30
Dunkel war's... *Kinderreim*	30
Die Hausfrau fiel ins Tintenfaß *Verfasser unbekannt*	31
Aus dem „Alfabet" *Bertolt Brecht*	32
Aberglaube *Bertolt Brecht*	33
Allerlei Tiere	33
Daheim ist die Maus... *Nach: Ich will euch was erzählen*	33
Das Krokodil *Verfasser unbekannt*	33
Es ging eine Ziege am Weg hinaus *Überliefert*	34
Der Elefant *Verfasser unbekannt*	34

Die bunte Kuh *Verfasser unbekannt*	34
Die Kuh Helene *Hannes Hüttner*	34
Es war einmal ein Huhn *Bertolt Brecht*	35
Lirum larum Löffelstiel *Hannes Hüttner*	36
Wie spät mag's sein? *Verfasser unbekannt*	36
Miesemaukätzchen, miese.. *Volksreim*	36
Es war einmal ein Hund *Bertolt Brecht*	37
Ball der Tiere *Volksreim*	37
Der blaue Hund *Peter Hacks*	37
Der Ausflug *Eva Hinze*	38
Im Park *Joachim Ringelnatz*	38
Mückebold *Paula Dehmel*	39
Der Wundergarten *Volksreim*	39
Ich kann naschen... *Hannes Hüttner*	40
Fritzens ganze Familie *Verfasser unbekannt*	41
Kunterbunt *Nach: Ich will euch was erzählen*	42
Taube und Kätzchen *Überliefert*	43
Die Mütze *Überliefert*	43
Mein Näschen *Erika Engel*	44
Guten Tag, Herr Montag *Überliefert*	44
Fastnachtsvorspruch *Erna Fritzke*	45
Zwölf Ostereier *Verfasser unbekannt*	45
Frühlingsspaß *Eva Hinze*	46
Beim Osterhasen *Adolf Holst*	46
Kasperle-Vers *Joachim Ringelnatz*	46
Hurtig, Kinder, kommt zu Tisch *Nach: Ich will euch was erzählen*	47
Der Herbst *Peter Hacks*	47
Pustewind *Adolf Holst*	49
Wer weiß es weiter? *Helene Busch-Elsner*	49
Suche den Reim *Helene Busch-Elsner*	49
Das spaßige Echo *Verfasser unbekannt*	50
Kniereiterverse Überliefert	50
Neckverse Überliefert	53

Abzählverse Überliefert	57
Schnellsprechverse Überliefert	63

Spielt alle mit

Such- und Geschicklichkeitsspiele	72
Vöglein, piep einmal! *Aus: Gesellschaftsspiele...*	72
Feuer, Wasser *Aus: Gesellschaftsspiele...*	72
Jakob, wo bist du? *Aus: Gesellschaftsspiele...*	73
Such die Bürste! *Aus: Gesellschaftsspiele...*	73
Schwänzchen zeichnen! *Aus: Gesellschaftsspiele...*	74
Schellenmann oder Glöckchenfangen *Überliefert*	75
Ein Überraschungspaket *Aus: Gesellschaftsspiele...*	75
Stuhlpolonaise *Aus: Gesellschaftsspiele...*	76
Der bunte Teller *Aus: Gesellschaftsspiele...*	77
Blinzeln *Aus: Gesellschaftsspiele...*	78
Lirum, Larum, Löffelstiel *Aus: Unsere Spiele*	79
Tellerdrehen *Aus: Unsere Spiele*	80
Neptun und die Fische *Aus: Unsere Spiele*	80
Schnellzug *Überliefert*	80
Der Lastträger *Überliefert*	81
Stuhlspiel *Überliefert*	81
Der verlorene Schuh *Überliefert*	82
Die Feuerwehr *Überliefert*	82
Darstellen und Necken	83
Ratemal *Aus: Gesellschaftsspiele...*	83
Armes Kätzchen! *Aus: Gesellschaftsspiele...*	84
Kommando Pimperle! *Aus: Gesellschaftsspiele...*	85
Ohne zu lachen! *Aus: Gesellschaftsspiele...*	85
Ich kneif' dich,... *Aus: Gesellschaftsspiele...*	87
Flaschensteigen *Aus: Gesellschaftsspiele...*	87
Stumme Musik *Aus: Unsere Spiele*	89
Scharwenzel *Aus: Gesellschaftsspiele...*	89
Hast du den lustigen Peter nicht gesehen? *Überliefert*	91

Der Esel als Lastträger *Überliefert*	91
Der wandernde Stab *Überliefert*	92
Das Tierkonzert *Überliefert*	92
Guten Tag, Frau Hopsassa! *Überliefert*	92
Das Auto (lustiges Darstellungsspiel) *Überliefert*	93
Mein Schiff kommt heut' in Rostock an *Überliefert*	94
Zwerglein, Zwerglein, rate! *Überliefert*	94

Fröhliche Wettbewerbe 95

Eierlaufen *Aus: Gesellschaftsspiele...*	95
Sackhüpfen *Aus: Gesellschaftsspiele...*	95
Topfschlagen *Aus: Gesellschaftsspiele...*	97
Kringelbeißen *Aus: Gesellschaftsspiele...*	97
Zielball *Aus: Gesellschaftsspiele...*	98
Ringwerfen *Aus: Gesellschaftsspiele...*	99
Zielwerfen für die Jüngsten *Überliefert*	99
Zielwerfen für die ältere Gruppe *Überliefert*	100
Papier tragen *Aus: Gesellschaftsspiele...*	100
Autorennen *Aus: Gesellschaftsspiele...*	101
Wasser tragen *Aus: Gesellschaftsspiele...*	101
Bunte Stafette *Aus: Gesellschaftsspiele...*	102
Tauziehen *Aus: Gesellschaftsspiele...*	103
Was hängt an der Leine? *Aus: Unsere Spiele*	104
Die kleine Blindekuh *Überliefert*	104
Katze und Maus *Überliefert*	105
Tüten schlagen (oder Luftballons) *Überliefert*	105
Polterbude *Überliefert*	106
Kegel am Baum *Überliefert*	106
Der Bär in der Höhle *Überliefert*	106
Die Katze schläft *Überliefert*	107
Pfänder auslösen *Aus: Unsere Spiele*	107

Lustige Lügengeschichten	111
Der Wolf und die sieben Katzen *Nach: „Bummi"*	111
Schneewittchen und die 18 Eiswaffeln *Nach: „Bummi"*	112
Hurra! Fasching ist da! *Überliefert*	115

Gezeichneter Spaß

Kleine Zeichenverse — 120
Schnellzeichnen   *Verfasser unbekannt* — 120
Der Stoffel   *Aus: Der Kindergarten* — 120
Die Miezekatze   *Aus: Der Kindergarten* — 121
Der Storch   *Aus: Der Kindergarten* — 122
Zeichenspiele   *Überliefert* — 124
Schnellzeichnen mit Spaß   *Überliefert* — 126
Was man aus einem Ei zeichnen kann   *Überliefert* — 127
Malscherz   *Albert Sixtus* — 128
Ich male   *Eva Hinze* — 128
Das Kücken   *Verfasser unbekannt* — 128
Der Gockelhahn   *Verfasser unbekannt* — 129
Henne und Osterhase   *Verfasser unbekannt* — 129
Hans in der Wanne   *Verfasser unbekannt* — 130
Zwei Schnecken   *Marga Arndt* — 130
Malstunde   *Verfasser unbekannt* — 132

Schnellzeichnen ohne Worte — 135

Hokuspokus

Ein Zaubernachmittag — 141
Spazierstock hypnotisieren   *Überliefert* — 141
Zweig aus der Flasche   *Überliefert* — 142
Tinte zu Wasser zaubern   *Überliefert* — 142
Groschen aus dem Mund zaubern   *Überliefert* — 142
Der verzauberte Groschen   *Überliefert* — 143
Der Ball auf Reisen   *Überliefert* — 144
Kerze essen   *Überliefert* — 144
Der wandernde Pfennig   *Überliefert* — 145
Durch die Postkarte kriechen   *Überliefert* — 145
Das verhexte Papierband   *Überliefert* — 146
Kekse unter einen Hut zaubern   *Überliefert* — 147

Ei auf die Spitze stellen *Überliefert* 147
Einen Baum wachsen lassen *Überliefert* 148
Eine zerrissene Zeitung wieder ganz machen *Überliefert* 149
Das spurlos verschwundene Geldstück *Überliefert* 149
Ein Tuch legt Eier *Überliefert, Varianten Lothar Baudach* 150
Die Zauberzeichnung *Überliefert* 151
Wir zaubern farbiges Wasser *Überliefert* 151

Der Zauberer und sein Lehrling 152

Das verzauberte Pfeifchen *Überliefert* 152
Der Zauberer kann gut riechen *Überliefert* 153
Geldstück erraten *Überliefert* 153
Seife zaubern *Überliefert* 154
Zahlen erraten *Überliefert* 154
Das verzauberte Wasserglas *Überliefert* 154
Schnellbäckerei *Lothar Baudach* 155

Kleine Zaubereien in fröhlicher Runde 156

Die Zaubertüte *Überliefert* 156
Gehorsame Streichhölzer *Überliefert* 157
Der Fisch mit Ölmotor *Nach: NBI, 6/1973* 158
Groschenscherze *Überliefert* 158
Lösung eines Knotens... *Aus: Der Kindergarten* 160
Das Streichholz in der Serviette *Überliefert* 161
Der Flaschenteufel *Überliefert* 161
Die zerschnittene Schnur *Aus: Der Kindergarten* 162
Rätselhafte Befreiung von einer Fessel *Aus: Der Kindergarten* 163
Die befreite Schere *Aus: Der Kindergarten* 164
Einen Ring aus einem Faden herausspringen lassen 165

Kleines Theater

Handpuppenspiel	170
Wer einem andern eine Grube gräbt	
Aus: Puppenpantomime	170
Der verdutzte Schläfer *Aus: Puppenpantomime*	172
Das haben sie übertrieben... *Aus: Puppenpantomime*	174
Wenn zwei sich streiten... *Aus: Puppenpantomime*	175
Das kluge Hündchen *Aus: Puppenpantomime*	177
Freundschaftliche Hilfe *Aus: Puppenpantomime*	178
Das naschhafte Hündchen *Aus: Puppenpantomime*	180
Wippe Wi... *Aus: Puppenpantomime*	181
Klugheit ist keine Hexerei *Aus: Puppenpantomime*	183
Die überraschten Helden *Aus: Puppenpantomime*	184
Bemerkungen zur Realisierung der einzelnen Spiele	186
Kasper und sein Flocki! *Max Jacob*	188
Die Geburtstagsüberraschung *Margret und Klaus Krähner*	191
Wer ist der Dieb? *Margret und Klaus Krähner*	196
Fix und Fax *Aus dem Russischen, bearbeitet von*	
Inge Borde-Klein	202
Kaspers Zirkusvorstellung *Aus dem Russischen*	207
Der Kasper als Fischer *Marta Smutná*	214
Oh, was für ein Hokuspokus!	
S. Preobrashenski/T. Karamanenko	216
Das schreckliche Ungeheuer *Emil Miltenov*	219
Bär Schleckermaul *A. A. Milin*	223
Die verschwundene Zuckertüte *Inge Schmidt*	225
Das eigensinnige Kätzchen *Iwan Bjelischew*	
Spielhinweise Inge Borde-Klein	231
Matrjoschka-Spiel *Inge Schwalbe*	236
Babuschka *Kerstin Fahnenstich*	238
Die Bärenkinder Bim und Bum *Dora Otto*	239
Der kleine Briefbote *Adolf Holst*,	240
Spielhinweise Inge Borde-Klein	
Das Märchen vom Mohn *Marta Smutná*	241

Spiel mit Solopuppen	247
Der Dichter und sein Papagei Marga Arndt nach Versen von Hilde Arnold	247
Kätzchen will Fliegen fangen Gustav Falke, Spielhinweise Inge Borde-Klein	249
Girlandia, die fliegende Schlange oder Der Schlangenbeschwörer Dudadidei Inge Borde-Klein	250
Der kleine Regenwurm Kurt Hängekorb, Spielhinweise Inge Borde-Klein	252
Der beste Sänger Inge Borde-Klein	254
Ursache und Wirkung Rudi Strahl, Spielhinweise Inge Borde-Klein	256
Die drei Schnecken Johann Weißkirch, Spielhinweise Inge Borde-Klein	258
Clown Bimbambum Inge Borde-Klein	260
Der Clown Beppo und das neue Klavier Inge Borde-Klein	262
Improvisationen	264
Die Bremer Stadtmusikanten Inge Borde-Klein nach Grimm	264
Scharadenspiel Inge Borde-Klein	269
Märchenklein Gianni Rodari, Auswahl und Spielhinweise von Inge Borde-Klein	271

Zirkusspiel

Ein Zirkusprogramm Delta-Kindergarten I	273
Hokuspokus verschwindibus! Überliefert	279
Der Zauberkasten Überliefert	279
Elu wird belohnt Überliefert	280
Der süße Max Überliefert	281
Ich kann ein Clown sein Hannes Hüttner	282
Herr Alleskann Gisela Schädlich	284

Der Bilderdichter *Überliefert*	286
Der Zirkusdirektor... *Marga Arndt*	286
Der Musikclown *Überliefert*	287
Madam Wundervoll! *Marga Arndt*	289
Die dicke Berta *Überliefert*	290
Das Denkmal *Überliefert*	292
Das dressierte Krokodil *Marga Arndt*	293
Die Löwen-Dressur *Überliefert*	294
Hurliburli mit dem endlosen Zauberfaden *Maria Rödel*	294
Die Clowngymnastik *Überliefert*	294
Die lustigen Sänger	295
Koboldliedchen G. *Feustel/Kaufmann*	295
Die Ziege *Barbara Henze*	296
Quellennachweis	299

Vorwort

Erziehung ist zwar eine ernste Sache, aber laßt uns dabei lustig sein. Wo herrscht eine natürlichere Daseinsfreude als bei Kindern? Nehmen wir uns vor, das Leben der Kinder, ihre Erziehung froh und heiter zu gestalten, denn Freude und Heiterkeit sind Mittel der Erziehung. Heute, in unserer sozialistischen Gesellschaft, ist uns mehr als jemals vorher Grund zum Frohsinn gegeben. Wir setzen natürlich voraus, daß alle diejenigen, die Erzieher geworden sind, eine heitere Grundstimmung haben und einen Schuß Humor besitzen. Wie oft ergibt sich Fröhlichkeit aus den gemeinsam verbrachten Stunden mit den Kindern im Tageslauf ganz von selbst. Spaß wächst auch aus Traditionen, die sich im Kindergarten entwickeln, und wir sollten nicht versäumen, diese Gelegenheiten zu nutzen.

Ein wertvolles Mittel der musischen Erziehung, zur rechten Zeit eingesetzt, sind heitere Verse, lustige Geschichten, Szenen und Spiele, um die Kinder zu erfreuen, ihre Phantasie und schöpferische Initiative zu wecken.

Unsere vorliegende Materialsammlung ist für alle die Erzieher gedacht, die sich gern anregen lassen und unermüdlich nach neuen Wegen suchen, um das Leben im Kindergarten, den ganztägigen Erziehungsprozeß, abwechslungsreich, interessant und fröhlich zu gestalten.

Kinder lachen von Herzen gern. Eine der Möglichkeiten, sie zu erfreuen, besteht darin, ihnen selbst etwas vorzuführen. Es genügt noch nicht, sich zum Beispiel bei Faschingsfesten nur zu verkleiden. Wir sollten unsere Rolle auch gut spielen können. Damit wirken wir als Vorbild und regen auch die Kinder zur musischen Gestaltung ihrer Kostümrolle an.

Wenn es uns dabei gelingt, die Kinder zu erheitern und zum schöpferischen Mittun, Mitdichten, Mitspielen, Mitsingen und -tanzen, zum Mitzaubern, zum Improvisieren und heiteren Puppenspiel anzuregen, sind wir auf dem richtigen Weg. Wie sagte doch Goethe:

Wenn ich den Scherz will ernsthaft nehmen,
so soll mich niemand drum beschämen.
Und wenn ich den Ernst will scherzhaft treiben,
so werd' ich immer derselbe bleiben.
Wir vergeben uns nichts, wenn wir einmal in eine andere Hülle schlüpfen.
Auch das Wecken des Humorgefühls bei den Kindern gehört zu unseren Aufgaben. Kinder zeigen schon sehr früh Humor als Ausdruck ihrer Beziehungen zur Umwelt. Sie freuen sich über Komisches, über unlogische Verhaltensweisen, über kleine Schwächen der Puppen im Theater, über Verdrehungen. Sie beginnen auf der Grundlage ihrer Erfahrungen und ihres Wissens kleine Schwächen und Unzulänglichkeiten der Figuren, denen sie zugetan sind, zu verstehen und genießen sie als Spaß.
Versetzen wir auch schon die kleineren Kinder durch Scherze und Spiele in eine gehobenere, optimistische Stimmung, verstärken wir damit ihre Lebensfreude. Frohsinn weckt Gefühle der Freude am Zusammensein mit anderen Kindern und fördert die Gesundheit und die geistige Entwicklung, nicht zuletzt dient Spaß der Entfaltung der kindlichen Phantasie.
Nutzen wir alle sich uns bietenden Möglichkeiten und Situationen, um unsere Kinder zu lebensfrohen, tatfreudigen und schöpferischen Menschen zu erziehen? Haben die Kinder genügend Gelegenheit, sich zu freuen und herzlich zu lachen?
Einen großen Anteil daran hat u. a. die Literatur, und wir sollten einen bestimmten Teil der Nonsensliteratur bereits unseren Kleinen erschließen.
Feste und Geburtstagsfeiern können ebenfalls noch fröhlicher werden, wenn hier verschiedene Formen des Spaßes zusammenfließen. Noch plastischer als bei heiteren Gedichten wirkt die Situationskomik im Stegreifspiel, bei der Handpuppe, bei der Marionette, beim Zauberer, der seine zerrissene Zeitung wieder ganz machen kann. Doch sollte nicht bis zu einem Fest gewartet werden, um eine Anregung aus diesem Buch zu verwirklichen. Jeder Nachmittag ist geeignet, dem Tag einen heiteren Abschluß

zu geben. „Soll das Leben selber Spaß machen, das kann nicht ohne Mithilfe des Spaßes erreicht werden." (Branstner, Gerhard: Aller Spaß der Welt. Henschelverlag, Berlin 1974, S.7.) Bei all den Ratschlägen, die wir geben, bei der Fülle heiteren Materials, das dazu dient, das Adjektiv „*fröhlich*" zu betonen, müssen wir die Worte Makarenkos beherzigen, daß „sich der Anwendungsbereich dieses oder jenes Mittels bis zum Grade völliger Allgemeinheit vergrößern oder (sich) bis zum Nullpunkt verringern (kann)". (Makarenko, A.S.: Werke. Fünfter Band. Volk und Wissen Volkseigener Verlag, Berlin 1974, S.499.) Die Wirkung eines jeden Spiels wird sehr abhängig sein von der Persönlichkeit der Erzieherin, von ihren Neigungen und Interessen.

Die eine Erzieherin kann als Zauberer oder Zirkusdirektor das kleine Publikum begeistern, eine andere vermag es nicht so gut, und es gelingt ihr vielleicht besser, eine Marionette vorzuführen. Deshalb bietet dieses Buch viele Auswahlmöglichkeiten, die jedem individuell helfen sollen, schöpferische Stimmung und Heiterkeit bei den Kindern hervorzurufen. Das gelingt meistens am glücklichsten, wenn eine geeignete Situation mit der Freude am Scherz richtig verknüpft wird, nach dem Grundsatz: „Mit Humor geht alles besser."

Spaß zu verstehen setzt Erfahrungen voraus. Es kann durchaus sein, daß dreijährige Kinder an einem Vers oder einem Spiel nichts zum Lachen finden, während sich die Sechs- bis Siebenjährigen köstlich amüsieren.

Auch individuelle Unterschiede zwischen den Kindern bewirken oft, daß einige den Spaß verstanden haben, während andere den Sinn noch nicht erfassen konnten. Obwohl das Material unserer Sammlung vorwiegend für Vorschulkinder ausgewählt ist, kann die Altersgrenze nicht streng gezogen werden. Sicher finden auch jüngere Schulkinder an „Spaß und Spiel" Gefallen.

Allen, die uns bei der Auswahl der Sammlung unterstützten, danken wir herzlich. Großen und Kleinen, die unsere Anregungen schöpferisch anwenden, wünschen wir viel Spaß!

Die Autoren

Worin liegt der Sinn im Unsinn? Die Freude am Unmöglichen setzt die Kenntnis des Möglichen voraus. Zum Lachen und Nachdenken regt die Situationskomik an. Das Unmögliche passiert, die Kuh sitzt im Schwalbennest mit sieben jungen Ziegen... oder... dunkel war's, der Mond schien helle auf die grünbeschneite Flur... usw. Weiterhin finden wir ihn in der Freude am Wortspiel, im Erkennen des Spielraums der Sprache.
Wir brauchen die Daseinsberechtigung des Ulks, des Unsinns, des Spaßes nicht erst zu begründen. Er existiert – sagen wir es wissenschaftlich – als gesellschaftliche Erscheinung. Kennen Sie schon den neuesten Witz? Wer hält bei solch einer Ankündigung sein Ohr nicht offen, bereit, zu lachen? Alle diese menschlichen Bedürfnisse regen sich auch schon im Kleinkind. Die Großen kaufen sich einen „Eulenspiegel", und die Kleinen? „Heute war es schön im Kindergarten", erzählt die kleine Heike. „Was war denn schön?" fragt die Mutter. „Na, wir haben uns im Garten in die Ecke gestellt, und Peter hat uns Witze erzählt, so wie – da kommen die Soldaten und schießen mit Tomaten – und viele solche." „Und wo war eure Erzieherin?" fragt die Mutter. „Die war nicht dabei", kommt prompt die Antwort.
Aber weshalb sollen wir Erwachsenen nicht an dieser Freude der Kinder an lustigen, komischen, „unsinnigen" Reimereien teilnehmen oder sie damit erfreuen?
Dazu müssen wir nicht zusätzliche Beschäftigungen einführen. Spritzige Verse zum Beispiel müssen auch in entsprechender Situation dargeboten und eventuell in heitere Szenen eingekleidet werden. Da können sich zum Beispiel zwei Clowns übertreffen wollen im Verseaufsagen, oder wir lassen eine Handpuppe komische Reimereien vortragen. Wenn zum Beispiel der Papagei dem Dichter einen frechen Reim dazwischenruft, paßt es zum Charakter seiner Figur, wie sie auf S. 247 beschrieben ist. Die Erzieherin sollte immer etwas Heiteres parat haben, dann hat sie in entsprechenden Situationen die Lacher auf ihrer Seite, und mancher „kritische Punkt" bei der Erziehung der Kinder wird leichter bewältigt.

Stunden, wo der Unsinn waltet,
sind so selten, stört sie nie!
Schöner Unsinn, glaubt mir, Kinder,
er gehört zur Poesie.

Schnitzelputzhäusel

So geht es im Schnitzelputzhäusel:
Da singen und tanzen die Mäusel,
da bellen die Schnecken im Häusel.

Im Schnitzelputzhäusel, da geht es sehr toll,
da saufen die Tische und Bänke sich voll,
Pantoffeln gar unter dem Bette.

Es saßen zwei Ochsen im Storchennest,
die hatten einander gar lieblich getröst'
und wollten die Eier ausbrüten.

Es zogen drei Störche wohl auf die Wacht,
sie hatten ihre Sache gar wohl bedacht
mit ihren großmächtigen Spießen.

Ich wüßte der Dinge noch viele zu sagen,
die sich im Schnitzelputzhäusel zutragen,
gar lächerlich über die Maßen.

Gicksgacks

Heut abend auf dem Ball
tanzt der Herr von Zwiebel
mit der Frau von Petersil:
ach, das ist nicht übel.

Klingeling, die Elektrisch kimmt,
was is denn da passiert?
Der Großvater guckt zum Fenster 'raus
und hat sich nich rasiert.

Ich auch

*(Ein Kind fordert ein anderes auf,
bei allem, was ihm vorgesagt wird,
mit „ich auch" zu antworten:)*

Ich ging in einen Busch. – Ich auch.
Ich hackt' mir eine Fichte. – Ich auch.
Ich machte mir ein Schweinströglein daraus. – Ich auch.
Da fraßen die Schweine gar herrlich daraus. – ...

Das Märchen

Ein Huhn und ein Hahn:
Das Märchen geht an.
Eine Kuh und ein Kalb:
Das Märchen ist halb.
Eine Katz' und eine Maus:
Das Märchen ist aus.

Es war einmal ein Mann ...

Es war einmal ein Mann,
der hatte einen Schwamm.
Der Schwamm war ihm zu naß,
da ging er auf die Gass'.
Die Gass' war ihm zu kalt,
da ging er in den Wald.
Der Wald war ihm zu grün,
da ging er nach Berlin.
Berlin war ihm zu groß,
da wurde er Franzos'.
Franzos' wollt' er nicht sein,
da ging er wieder heim
zu seiner Frau Elise,
die kochte ihm Gemüse.

Der Vielfraß

Auf einer großen Wiese, da schnarcht der dicke Riese.
Er ruht sich von der Mahlzeit aus. Er fraß die Kuh,
die Magd, das Haus, die Kirche und den Hühnerstall,
den Baum, den Weg, den bunten Ball. Nun liegt er da und
ist verratzt, denn alle warten, daß er platzt.
Und platzen wird er sicherlich,
denn diesmal überfraß er sich.
Schon schnauft er laut und ist ganz bleich.
Versteckt euch gut! Jetzt platzt er gleich!

Kaffeereim

Meine Mutter schickt mich her,
ob der Kaffee fertig wär'!
Wenn er noch nicht fertig wär',
sollt' er bleiben, wo er wär'.
Morgen früh beim Mondenschein
soll der Kaffee fertig sein!

Didel, Dudel, Didel

Didel, dudel, didel,
die Katze spielt die Fidel,
die Kuh steht auf dem Mond herum,
der Dickel-Dackel macht tsching-bum.

Der Löffel und der Teller,
die tanzen immer schneller
zu dieser schönen Melodei.
Was findet ihr verrückt dabei?

Drei weise Männer

Drei weise Männer aus Brüssel
fuhren zur See in der Schüssel.
Die Schüssel war leider nicht dichte,
zu Ende ist meine Geschichte.

Der Mann von sehr weit her

Es fragt der Mann von sehr weit her:
Wie viele Rosen schwimmen im Meer?
Die Antwort darauf kriegt er bald:
Genausoviel Heringe wachsen im Wald.

Dickeri, Dickeri, Dur

Dickeri, dickeri, dur,
die Maus sitzt in der Uhr.
Das Uhrwerk tickt, die Maus erschrickt.
Die Uhr schlägt drei, die Maus – o wei!
springt plötzlich aus der Uhr.
Dickeri, dickeri, dur.

Regen, Regen

Regen, Regen,
geh vorüber,
komm erst morgen
hier herüber,
Tommy Piper
spielt heut lieber
und hat keinen Mantel über.

Die Taube sagte: Cu!

Die Taube sagte: Cu!
Was brauchen Spatzen Schuh?
Die Spatzen sagten: Dies
ist gegen kalte Füß'!

Zwei Möwen

Ich hatte zwei Möwen,
weiß und lieb,
die flogen davon,
und keine blieb.

Warum sie das machten?
Ich weiß es nicht,
weil keine von beiden
mit mir spricht.

Was ist falsch – wie ist es richtig?

Der Bauer malt die Bilder,
der Maler pflügt die Felder.

Der Bäcker näht die Kleider,
Brote bäckt der Schneider.

Der Hund miaut,
die Katze bellt,
der Apfel von dem Kirschbaum fällt.

Der Ball hat vier Ecken,
der Würfel ist rund,
der Himmel ist grün,
und die Sonne ist bunt.

Kuddelmuddel

Der Hund kräht fröhlich: „Guten Morgen!"
Die Henne trillert ohne Sorgen.
Die Lerche schnattert auf dem Feld.
Es grunzt der Hahn. Die Ente bellt.
Die Schwalbe wiehert unterm Dach.
Laut zwitschernd wird das Pferdchen wach.
Die Kuh schlägt froh in ihrem Stall.
Im Walde brüllt die Nachtigall.
Vergnüglich gackert jetzt das Schwein.
Wer's besser weiß, bring' Ordnung drein.

Lügenmärchen

Eine Kuh, die saß im Schwalbennest
mit sieben jungen Ziegen,
die feierten ihr Jubelfest
und fingen an zu fliegen.
Der Esel zog Pantoffel an,
ist übers Haus geflogen,
und wenn das nicht die Wahrheit ist,
so ist es doch gelogen.

Verkehrte Welt

Wie sind mir meine Stiefel geschwoll'n,
so daß sie nicht in die Füße 'nein woll'n!

Ich mache den Ofen wohl über das Feuer
und schlag' die Suppe wohl über die Eier.

Ich nehm' die Stube und kehre den Besen,
die Mäuse, die haben die Katze gefressen.

Der Schäfer, der hat den Hund gebissen,
die Lämmer, die haben den Wolf zerrissen.

Es reiten drei Tore zum Reiter hinaus,
das Wirtshaus, das schauet zum Fenster hinaus.

Der Hafer, der hat das Pferd verzehrt,
drum ist dieses Lied ganz umgekehrt.

Dunkel war's ...

Dunkel war's, der Mond schien helle.
Schnee lag auf der grünen Flur,
als ein Wagen blitzesschnelle
langsam um die Ecke fuhr.
Drinnen saßen stehend Leute,
schweigend ins Gespräch vertieft,
als ein totgeschoss'ner Hase
auf der Sandbank Schlittschuh lief.

Die Hausfrau fiel ins Tintenfaß

Zwei Fischlein saßen im Hühnerstall
und machten dort einen Mordskrawall!
Denn sie fingen an zu bellen,
sogar der Schellfisch begann zu schellen.

Der Hofhund hatte die Pfeife im Mund,
die Schweine wogen schon dreitausend Pfund.
Der Wagen fuhr rückwärts zur Tür hinaus,
da wieherten die Mäuse den Kater aus.

Die Hausfrau fiel ins Tintenfaß 'rein
und brach dabei das linke Bein.
Der Gockel wedelte mit dem Schwanz;
die Besen hopsten den Sambatanz.

Das Hähnchen legte ein Spiegelei,
zur nächsten Mahlzeit bist du dabei!
Der Hengst ertrank im Fingerhut,
die Schnecke kam darob in Wut.

Jetzt will ich nicht mehr weiterlügen,
weil sich bereits die Balken biegen.

Aus dem „Alfabet"

Christine hatte eine Schürze
die war von besonderer Kürze.
Sie hing sie nach hinten, sozusagen
als Matrosenkragen.

Luise heulte immer gleich.
Der Gärtner grub einen kleinen Teich.
Da kamen alle Tränen hinein:
Ein Frosch schwamm drin mit kühlem Bein.

Mariechen auf der Mauer stund
sie hatte Angst vor einem Hund.
Der Hund hatte Angst vor der Marie
weil sie immer so laut schrie.

Neugieriges Lieschen
fand ein Radieschen
in Tantes Klavier.
Das Radieschen gehörte ihr.

Uhren wirft man nicht in den See.
Es tut ihnen zwar nicht weh
sie können nur nicht schwimmen
und werden danach nicht mehr stimmen.

Veilchen stellt ein braves Kind
in ein Glas, wenn es sie find't.
Findet sie jedoch die Kuh
frißt sie sie und schmatzt dazu.

(gekürzt)

Aberglaube

Vierblättriges Kleeblatt
Lieschen fand's am Rain.
Vor Freude, es zu haben
sprang Lieschen übern Graben
und brach ihr bestes Bein.

Spinnelein am Morgen
Lieschen wurd es heiß.
Der Tag bracht keinen Kummer
und abends, vor dem Schlummer
bracht Vater Himbeereis.

Der Storch bringt nicht die Kinder.
Die Sieben bringt kein Glück.
Und einen Teufel gibt es nicht
in unsrer Republik.

Allerlei Tiere

Daheim ist die Maus
auf den Ofen gekrochen,
hat den Finger verstaucht
und das Schwänzchen gebrochen.

Das Krokodil,
es wohnt am Nil,
denn 's ist ja dorten zu Hause.
Es frißt gar sehr,
mitunter noch mehr,
und manchmal macht's auch 'ne Pause.

Es ging eine Ziege am Weg hinaus,
meck mereck, meck meck meck meck.
Die Kuh, die sah zum Stall heraus,
meck mereck, meck meck meck meck.
Die Kühe und die Ziegen,
die machen sich ein Vergnügen:
meck mereck, meck meck meck meck.

Der Elefant
ist weltbekannt,
denn er hat einen langen Rüssel.
Doch will er mal 'raus,
dann kann er nicht 'raus,
denn der Wärter, der hat ja den Schlüssel.

Die bunte Kuh
macht manchmal muh,
läßt auf die Wiese sich treiben.
Sie gibt uns Milch
und Butter dazu,
doch manchmal läßt sie's auch bleiben.

Die Kuh Helene,
die putzt sich ihre Zähne,
die Kuh Luise,
die wäscht sich ihre Füße ...

Die Kuh Emilie,
die frißt gern Petersilie.
Die Kuh Amalie
frißt lieber eine Dahlie ...

Es war einmal ein Huhn
das hatte nichts zu tun.
Es gähnte alle an.
Doch als es so den Mund aufriß
da sagte ein Hund: Je nun
du hast ja keinen einzigen Zahn!
Da ging das Huhn zum Zahnarzt
und kaufte sich ein Gebiß.
Jetzt kann es ruhig gähnen
mit seinen neuen Zähnen!

Lirum larum Löffelstiel,
unser Hund, der frißt zuviel:
ein Stück Kuchen und ein Ei,
einen Topf voll Haferbrei,
eine dicke, lange Wurst,
warme Milch für seinen Durst,
zehn Kartoffeln hinterher –
und dann will er gar noch mehr!
Eßt ihr auch soviel wie er?

Wie spät mag's sein?
spricht's Schwein.
Ein Viertel sieben,
meckern die Ziegen.
Schon so spät?
spricht's Pferd.
Wir woll'n ja noch tanzen,
sprechen die Wanzen.
Ach so!
spricht der Floh.
Auf dem Tisch!
spricht der Fisch.
Das ist nicht nobel,
spricht der Vogel.

Miesemaukätzchen, miese,
wovon bist du so griese?
Ich bin so griese, ich bin so grau,
ich bin das Kätzchen Griesegrau.

Es war einmal ein Hund
der hatte einen zu kleinen Mund
da konnte er nicht viel fressen
da freute sein Herr sich dessen
er sagte: Dieser Hund
ist ein guter Fund.

Ball der Tiere

Mich dünkt, wir geben einen Ball!
sprach die Nachtigall.
So? sprach der Floh.
Was werden wir essen? sprachen die Wespen.
Nudeln! sprachen die Pudeln.
Was werden wir trinken? sprachen die Finken.
Bier! sprach der Stier.
Nein, Wein! sprach das Schwein.
Wo werden wir tanzen? sprachen die Wanzen.
Im Haus! — sprach die Maus.

Der blaue Hund

Geh ich in der Stadt umher,
kommt ein blauer Hund daher,
wedelt mit dem Schwanz so sehr,
nebenher,
hinterher
und verläßt mich gar nicht mehr.

Wedelt mit den blauen Ohren,
hat wohl seinen Herrn verloren.

Der Ausflug

Ein Regenwurm ringelt sich ganz leise –
und geht auf eine Mondscheinreise.
Im Rucksack trägt er drei Heidelbeeren,
die will er Fräulein Fliege verehren.
Im Gasthaus zum Steinpilz kommt er zur Ruhe,
es drücken ihn seine Ringelschuhe.
Dann hat er den größten Schritt genommen
und ist zur Farnkrautecke gekommen.
Dort sitzt Fräulein Fliege und schillert so schön
und hat seine Gaben nicht angeseh'n.
Das findet der Regenwurm gar nicht nett.
Er bohrt sich ein Loch – und geht zu Bett.

Im Park

Ein ganz kleines Reh stand am ganz kleinen Baum
still und verklärt wie im Traum.
Das war des Nachts elf Uhr zwei.
Und dann kam ich um vier
morgens wieder vorbei,
und da träumte noch immer das Tier.
Nun schlich ich mich leise – ich atmete kaum –
gegen den Wind an den Baum,
und gab dem Reh einen ganz kleinen Stips.
Und da war es aus Gips.

Mückebold

Mückchen, Mückchen, Dünnebein,
Mückchen, laß das Stechen sein,
Stechen tut ja weh!
Mückchen, Mückchen, weißt du was:
Beiß doch in das grüne Gras,
beiß doch in den Klee!

Der Wundergarten

Ich will dir was erzählen
von der Muhme Rählen.
Diese Muhme hat 'nen Garten,
und das ist ein Wundergarten.
In dem Garten ist ein Weg,
und das ist ein Wundersteg.
An dem Weg, da steht ein Baum,
und das ist ein Wunderbaum.
An dem Baum, da ist ein Zweig,
und das ist ein Wunderzweig.
Auf dem Zweig, da ist ein Nest,
und das ist ein Wundernest.
In dem Nest, da ist ein Ei,
und das ist ein Wunderei.
Aus dem Ei, da schlüpft ein Hase,
und der beißt dich − in die Nase!

Ich kann naschen und unartig sein

Wenn man schon mal nascht oder unartig ist,
gleich wird man ausgescholten.
Ja, wenn man im Unartenland leben könnte!!
Dort ist alles ganz anders!

Marmelade darf man dort mit Fingern essen,
Daumenlutschen kann man und auf Nägeln kau'n.
Zähneputzen ist seit langem schon vergessen,
und statt „essen" sagt in diesem Land man „fressen".
Jeder darf die Kleineren verhau'n.

Keiner sagt was, wenn man sich bekleckert
oder großen Leuten eine Nase dreht,
wenn man in der Schule wie 'ne Ziege meckert,
laut wie hunderttausend Frösche keckert
oder barfuß durch die Wohnung geht.

Dort ist's üblich, mit dem Stuhl zu kippen,
jedermann hat an der Nas' ein Licht.
Man darf an der Tintenflasche nippen
oder Sand in Vaters Schuhe schippen –
nur sich waschen darf in diesem Land man nicht.

Pampe rührt man dort in Sonntagssachen.
Ruft wer, darf man nicht zu finden sein.
Schilt dann einer, darf man dazu lachen,
und die Großen können überhaupt nichts machen.
Selbst im Bett darf man noch toben oder schrein.

Alles darf man dort in diesem Lande –
nur darf man nicht lieb noch freundlich sein.
Seine Eltern gern zu haben, gilt als Schande,
deshalb gibt es wohl, das nur am Rande,
wenig Kinder dort in diesen Ländereı'n.

Fritzens ganze Familie

Ich heiße Fritz,
unser Hund heißt Spitz,
Miezekater unser Kater.
Papa heißt Papa,
Mama heißt Mama.
Meine Schwester heißt Ottilie:
Das ist unsere ganze Familie.
Wir hätten noch gern eine Kuh
und ein Pferd dazu.

Kunterbunt

Ich soll euch was erzählen?
Gebt acht, so fängt es an:
Es war einmal ein schwarzer
kurzer runder bunter Mann,
der hatte schwarze kurze runde
bunte Hosen an.
Er war umgürtet mit einem schwarzen
kurzen runden bunten Schwert
und saß auf einem schwarzen
kurzen runden bunten Pferd.
Er ritt durch die schwarzen
kurzen runden bunten Straßen,
wo die schwarzen kurzen runden
bunten Kinder saßen.
Oh ihr schwarzen kurzen runden
bunten Kinder, geht hinweg,
daß euch mein schwarzes kurzes rundes
buntes Pferd nicht schlägt!
Nicht wahr, wie von dem schwarzen
kurzen runden bunten Mann
ich euch so schwarz, kurz, rund
und bunt erzählen kann?

Taube und Kätzchen

Eine kleine Ti-Ta-Taube
saß auf unsrer Li-La-Laube.
Kam das junge Ki-Ka-Kätzchen
mit den weißen Ti-Ta-Tätzchen,
wollte an den Bri-Bra-Brettern
in die Hi-Ha-Höhe klettern
und das Ti-Ta-Täubchen kriegen.
In die Hände klatsch' ich laut,
di-da-dumm das Kätzchen schaut.
Schnell mit dir ins Hi-Ha-Haus,
such dir eine Mi-Ma-Maus.

Die Mütze

Zehn Schneider sitzen und schwitzen
und lassen die Nadel flitzen.
Sie gönnen sich Ruh' keinen Augenblick,
sie nähen für einen faulen Schelm,
es wird kein Hut, es wird kein Helm,
es wird nur eine Mütze,
die ist für unsern Fritze,
der liegt und schläft in den Tag hinein,
das soll seine Schlafmütze sein.

Mein Näschen

Mein Näschen heißt Stups
und ist immer keck.
Denn gehn wir spazieren,
geht Stups vorneweg.
Es schnuppert im Sommer
herum und umher,
wo schnell mal ein Blümchen,
ein duftendes wär'.

Mein Näschen heißt Stups
und hat seine Not.
Es wird ja im Winter
mal weiß und mal rot.
Und hat's einen Schnupfen,
dann weint es – und wie!
Dann nehm' ich mein Tüchlein;
tripp-tropp und hatschi.

Guten Tag, Herr Montag

Guten Tag, Herr Montag!
Wie geht es dem Herrn Dienstag?
Sehr gut, Frau Mittwoch!
Sagen Sie dem Herrn Donnerstag,
daß er am Freitag
mit dem Herrn Sonnabend
zur Frau Sonntag
zu Besuch kommen soll!

Fastnachtsvorspruch

Heute woll'n wir lustig sein,
und ihr sollt euch mit uns freun!
Tanzen wollen wir und singen
und durch alle Zimmer springen,
Sind nicht unsre Kleider schön,
bunt und lustig anzusehn?
„Als Schornsteinfeger bin ich hier.
Ich bin ganz schwarz, greift nicht nach mir!"
„Hier ist Prinzessin Tausendschön."
„Und hier könnt ihr Dornröschen sehn."
Das Rotkäppchen geht Hand in Hand
mit Maruschka aus Freundesland.
Und nun paßt auf, was jetzt geschieht,
zuerst hört unser Fastnachtslied!

Zwölf Ostereier

Der Osterhase hat über Nacht
Zwölf Eier in unsern Garten gebracht.
Eins legt' er unter die Rasenbank,
drei zwischen das grüne Efeugerank,
vier lagen im Hyazinthenbeet,
drei, wo die weiße Narzisse steht,
eins oben auf dem Apfelbaumast:
Da hat sicher die Katze mit angefaßt!

Frühlingsspaß

Jetzt kommt der Frühling,
wie schön ist die Welt.
Da sitzt auf der Sonne ein Hund, der bellt.
Da fährt eine Kuh im Auto spazieren,
da will der Hase den Roller probieren.
Da dreht ein Kätzchen den Kreisel im Nu.
Da sieht ein Mäuschen vom Dache zu.
Da winken die Kinder aus unserem Haus,
und unsere bunte Geschichte ist aus.

Beim Osterhasen

Bitt' schön, Osterhäschen im Schnee,
tut dir das Eierlegen nicht weh?
Na, wieviel werden's denn heuer?
Drei Dutzend? Hoffentlich nicht zu teuer.
Ist auch eine Menge bunter,
so recht knallroter und gelber darunter?
Du! Ich weiß dir mal schöne Verstecke!
Im Hühnerstall und hinter der Buchsbaumhecke.
Wie wär's mit der Hundehütte vom Spitz?
Oder unter Großväterchens Zipfelmütz'?
Halt – pst! in Lillis gelbem Puppenwagen:
Du darfst's aber niemandem weitersagen!

Kasperle-Vers

Bin vergnügt, seid ihr es auch.
Lacht ein Loch euch in den Bauch!
Aber gebt dabei recht acht,
daß ihr nicht danebenlacht.

Hurtig, Kinder, kommt zu Tisch

Die Tante Therese
ißt gar zu gern Klöße,
sie macht happ, happ,
kriegt keiner was ab!

Sauerkraut und Dill Dill Dill
kocht meine Mutter vill vill vill.
Wer das Sauerkraut nicht will,
kriegt auch keinen Dill Dill Dill.

Montag fängt die Woche an.
Dienstag sind wir übel dran.
Mittwoch sind wir mittendrin.
Donnerstag gibt's Kümmerling.
Freitag gibt's gebratnen Fisch.
Samstag tanzen wir um den Tisch.
Sonntag gibt's ein Schweinebrätle
und dazu ein Krautsalätle.

Der Herbst

Der Herbst steht auf der Leiter
und malt die Blätter an,
ein lustiger Waldarbeiter,
ein froher Malersmann.

Er kleckst und pinselt fleißig
auf jedes Blattgewächs,
und kommt ein frecher Zeisig,
schwupp, kriegt der auch 'nen Klecks.

Die Tanne spricht zum Herbste:
Das ist ja fürchterlich,
die andern Bäume färbste,
was färbste nicht mal mich?

Die Blätter flattern munter
und finden sich so schön.
Sie werden immer bunter.
Am Ende falln sie 'runter.

Pustewind

Blase nur, Herr Pustemeier!
Dafür geb' ich keinen Dreier,
meinst du, so was könnt' mich rühren?
Grade geh' ich nun spazieren,
und ich pfeif' auf deine Wut!

Hui —! da pfeift er, —
Wui —! da greift er, —
Donnerwetter!
Halt ihn, Vetter!
Himmel, hilf! mein neuer Hut!

Wer weiß es weiter

Wie schön ist's, wenn zur Winterzeit
vom Himmel es herunter ... (schneit).

Wir freuen uns am Schlittschuhlauf
und bauen einen Schneemann ... (auf).

Wir laufen Ski, wie fein ist das!
Auch Rodeln macht uns großen ... (Spaß).

Und fallen wir mal in den Schnee,
so lachen wir. Das tut nicht ... (weh).

Suche den Reim

Auf dem Hause ist ein Dach,
durch das Dörflein fließt ein ... (Bach).
Kinder machen gerne ... (Krach).
Wenn du es errätst, dann ... (lach)!

Das spaßige Echo

Was essen die Studenten?	Enten.
Was ißt der Herr Meier?	Eier.
Was gibt es zum Reis?	Eis.
Wer besucht die Fanni?	Anni.
Wer findet mich?	Ich.
Wer war in der Turnhalle?	Alle.
Was wollen wir nie vergessen?	Essen.
Sag doch einmal Resel?	Esel.
Wer lacht da über mich?	Ich.

Wer ist der Mann im Wald, der immer Antwort gibt?

Kniereiterverse

Hoppe, hoppe, Reiter,
wenn er fällt, dann schreit er;
fällt er in die Hecken,
fressen ihn die Schnecken;
fällt er in die Wiesen,
muß er heftig niesen;
fällt er in den Klee,
schreit er: Weh, o weh!
Fällt er auf die Steine,
tun ihm weh die Beine;
fällt er in den Graben,
fressen ihn die Raben;
fällt er in den Sumpf,
dann macht der Reiter – plumps!

Ri ra rutsch,
wir fahren mit der Kutsch',
wir fahren mit der Schneckenpost,
wo es keinen Pfennig kost',
ri ra rutsch,
wir fahren mit der Kutsch'.

Rilli, rilli, rixchen,
dort oben läuft ein Füchschen,
dort oben springt ein alter Has',
der springt dem Füchschen auf die Nas'.
Das Füchschen schreit: Hihi! Hoho!
Wer springt auf meiner Nase so?

Mein lieber Bruder Ärgerlich
hat alles, was er will.
Und was er hat, das will er nicht,
und was er will, das hat er nicht;
mein lieber Bruder Ärgerlich
hat alles, was er will!

Kommt eine Maus,
die baut ein Haus,
kommt ein Mückchen,
baut ein Brückchen,
kommt ein Floh,
der macht − so!

Klein bin ich, klein bleib ich,
groß mag ich nicht wern,
schön runket, schön prunket
wie'n Haselnußkern.

Neunundneunzig Schneider,
die wiegen hundert Pfund,
und wenn sie das nicht wiegen,
dann sind sie nicht gesund.

Hoppe, hoppe, Reiter,
wenn er fällt, dann schreit er.
Fällt er in das grüne Gras,
macht er sich die Hosen naß,
fällt er in den Graben,
fressen ihn die Raben,
fällt er in die Hecken,
fressen ihn die Schnecken,
fressen ihn die Müllermücken,
die ihn vorn und hinten zwicken,
fällt er in den Sumpf,
macht der Reiter plumps!

Neckverse

Gretel, Pastetel,
was machen die Gäns'?
Sie sitzen im Wasser
und waschen die Schwänz'.

Es war einmal ein Männchen,
das kroch in ein Kännchen,
es kroch wieder heraus
bis an Peters Haus,
da war die Geschichte aus.

Auf einem kleinen Butterberg,
saß ein kleiner dicker Zwerg.
Kam die Sonne, eins zwei drei,
schmolz der Butterberg entzwei.

Ilse Bilse,
niemand will se;
kam der Koch
und nahm sie doch.

Es war einmal ein Mann,
der hieß Bimbam.
Bimbam hieß er,
und die Trompete blies er.

Meine Mu, meine Mu, meine Mutter schickt mich her,
ob der Ku, ob der Ku, ob der Kuchen fertig wär',
wenn er no, wenn er no, wenn er noch nicht fertig wär',
käm' ich mo, käm' ich mo, käm' ich morgen wieder her.

Pumpernickels Hänschen saß hinterm Ofen und schlief,
da brannten seine Höschen: Potztausend, wie er lief!

Es waren mal drei Brüder,
der erste, der hieß Zapp,
der zweite, der hieß Zapplalap,
der dritte, der hieß Zapplalaplonibi!

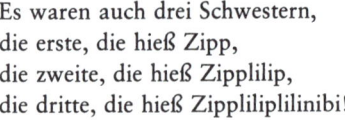

Es waren auch drei Schwestern,
die erste, die hieß Zipp,
die zweite, die hieß Zipplilip,
die dritte, die hieß Zipplilipilinibi!

Da nahm der Zapp die Zipp,
der Zapplalap die Zipplilip,
der Zapplalaplonibi die Zipplilipilinibi!

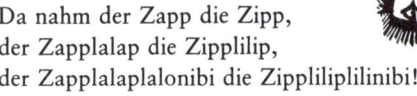

Wenn alle Berge Butter wär'n
und alle Täler Grütze,
und es käm' ein warmer Sonnenschein,
und die Butter lief in die Grütze 'nein,
das müßt' aber mal 'ne Grütze sein!

Es war einmal ein Mann,
der hatte keinen Kamm:
Da ging er hin und kauft' sich einen,
da hatt' er einen.
Da brach er ihn entzwei,
da hatt' er zwei.

Eins, zwei, drei,
alt ist nicht neu,
sauer ist nicht süß,
Händ' sind keine Füß',
Füß' sind keine Händ',
's Lied hat ein End'.

Was?
Wenn's regnet, wird's naß.
Wenn's schneit, wird's weiß.
Wenn's friert, gibt's Eis.
Wenn's taut, wird's grün,
werden alle Blumen blühn.

Vögel, die nicht singen,
Glocken, die nicht klingen,
Pferde, die nicht springen,
Nüsse, die nicht krachen,
Kinder, die nicht lachen,
was sind das für Sachen?

Bim, bam, beier.
Hans mag keine Eier.
Mehl in die Pfann',
Butter daran,
Hansel ist ein Leckermann.

Annele, Bannele
geht in'n Laden,
will für'n Dreier
Käse haben.
Für'n Dreier Käse gibt es nicht,
Annele, Bannele ärgert sich.

Wer alle Tage Kuchen ißt,
Bonbons und Schokolade,
der weiß auch nicht,
wann Sonntag ist,
und das ist wirklich schade!

Wiwerle, wawerle, was ist das?
Hinterm Ofen krabbelt was,
's ist kein Fuchs und 's ist kein Has'.
Wiwerle, wawerle, was ist das?

Abzählverse

Ene, mene, minke, pinke,
fade, rode, volke, tolke,
wiggel, waggel, weg.

Ettchen, dettchen, dittchen, dattchen,
zedra, wedra, wittchen, wattchen,
zedra, wedra, wuh,
und das bist du!

Üppchen, Püppchen, Rüppchen-Zahl.
Üppchen, Püppchen, knoll!
Äppele, päppele, pierchen, paarchen,
Äppele, päppele puff!

Auf einem Gummi-Gummi-Berg,
da saß ein Gummi-Gummi-Zwerg,
der aß ein Gummi-Gummi-Brot
und aß sich gummi-gummi-tot.

Eeene, meene, miene,
unser Gras ist grüne,
doch treten wir darauf herum,
da wird es schwarz, und wir sind dumm.
Da haben wir 'nen Dreck,
und du bist weg!

Ezel, Tezel,
wer bäckt Brezel?
Wer bäckt Kuchen,
der muß suchen.

Ich und du,
Bäckers Kuh,
Müllers Esel,
der bist du.

Wißt ihr das?
Wenn's regnet, wird's naß,
wenn's schneit, wird's weiß,
wenn's friert, gibt's Eis.

In diesem Haus
wohnt eine Maus.
Ich bleib' hier stehn,
und du mußt gehn.

Ene mene
ming mang,
kling klang,
ose pose packe dich,
eia weia weg.

In einem Städtchen,
da wohnt ein Mädchen,
das heult immerzu,
fast so wie du.

Eins, zwei,
kein Geschrei,
drei, vier,
du bleibst hier,
fünf, sechs,
alte Hex',
sieben, acht,
ich hab's gedacht,
neun, zehn,
du mußt gehn.

Die Mäuse singen,
die Katzen springen
bei uns im Ort.
Doch du mußt fort.

Du bist 'ne schöne Puppe,
du bist mir aber schnuppe
trotz deiner roten Schleife.
Nimm lieber erst mal Seife,
wasch dir Gesicht und Hände rein!
Aus mußt du sein!

Eenige deenige, dittje dattje,
zibberte bibberte, bonig nattje,
zibberte bibberte – buff!

Ix, ax, u,
'raus bist du.

Ene, mene, mu,
'raus bist du.

Ene, mene, ming-mang,
knieptang, ting-tang,
use, buse, ackedeier,
eier, weier, weg.

Ene, mene, mei,
du bist frei.

Eins, zwei, drei, vier,
hinter dem Klavier
sitzt eine Maus,
du bist aus!

Ene, dene, daus,
und du bist 'raus.

Es waren mal zwei Schwestern,
das weiß ich noch von gestern.
Die eine, die hieß Adelheid,
war stolz und voller Eitelkeit.
Die andre, die hieß Kätchen
und war ein fleißiges Mädchen.
Sie quält sich ab von früh bis spät,
wenn Adelheid spazierengeht.
Adelheid trinkt roten Wein,
Kätchen gießt sich Wasser ein.
Und wer die zwei tut kennen,
der muß jetzt rennen.

Eins, zwei, drei, die andern sind vorbei;
rips, raps, raus, du bist draus.

Eins, zwei, drei, vier, fünf, sechs,
im Walde wohnt die Hex';
sechs, fünf, vier, drei, zwei,
und kocht den Hirsebrei;
fünf, vier, drei, zwei, ein',
bald wird er fertig sein.
Eins, zwei, drei,
du bist auch dabei.

Eins, zwei, drei, vier,
die Maus sitzt am Klavier,
am Klavier sitzt eine Maus,
und du bist raus.

Eins, zwei, drei, vier,
saß ein Männchen vor der Tür,
hatt' ein rotes Hütchen auf;
oben saß der Kuckuck drauf.

Eins, zwei, drei,
rische, rasche, rei.
Rische, rasche, Dudeltasche,
eins, zwei, drei.

Eins, zwei, drei,
hicke, hacke, Hawersack,
und du bist ab.

Eine kleine Mücke saß
auf dem Dach und machte Spaß
mit dem langen Klapperstorch.
Dieser sagte: Mücklein, horch!
Läßt du mich nicht gleich in Ruh',
schnapp' ich dich, und weg bist du!

Eins, zwei, drei, vier, fünf, sechs, sieben,
wo ist unsre Katz' geblieben?
Heute morgen ging ganz leise
sie zur Mausjagd auf die Reise.
Ach, da kommt sie ja gegangen,
aber sie hat nichts gefangen.
Dumme Mieze, bleib zu Haus,
du bist aus!

Auf dem vivabunten Berg
wohnten vivabunte Leute,
und die vivabunten Leute
hatten vivabunte Kinder,
und die vivabunten Kinder
aßen jeden Tag ein Ei.
Eins, zwei, drei,
und du bist frei!

Schnellsprechverse

Es zwitschern zwei Zeisige
zwischen zwei Zwetschgenzweigen.

Hinter Herrmann Hannes Haus
hängen hundert Hemden 'raus,
hundert Hemden hängen 'raus
hinter Hannes Herrmanns Haus.

Kurze Kleider, kleine Kappen
kleiden kleine Krausköpfe.

Die Bürsten mit schwarzen Borsten bürsten besser
als die Bürsten mit weißen Borsten.

Große Krebse krabbeln in dem Korbe.

Esel essen Nesseln nicht, Nesseln essen Esel nicht.

Sieben Schneeschaufler schaufeln Schnee.

Klitzekleine Kinder
können keinen Kirschkern knacken.

Die Katze tritt die Treppe krumm.

Es lagen zwei zischende Schlangen zwischen
zwei spitzigen Steinen und zischten dazwischen.

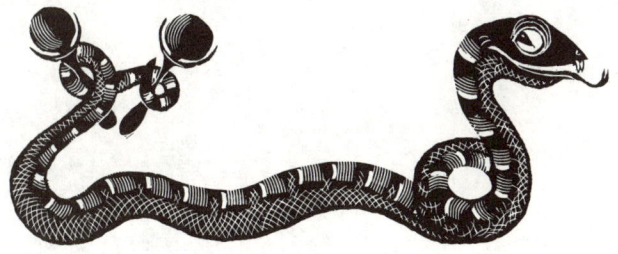

Erst klapperten die Klapperschlangen,
bis dann die Klappern schlapper klangen.

Nachbars Hund heißt Kunterbunt.
Kunterbunt heißt Nachbars Hund.

Früh in der Frische
fischen Fischer Fische.

Fischers Fritze fischte frische Fische.

Sieben Schneeschipper schippen
sieben Schippen Schnee.

Kleine Katzen und kleine Kinder
kugeln gern mit Kugeln und Klinkern.

Worin liegt das Verlockende, das Reizvolle solcher Spiele wie zum Beispiel „Vöglein, piep einmal", „Eierlaufen" oder „Stuhlpolonaise", so daß sie sich über viele Generationen hinweg in unseren Kindergärten gleichermaßen lebendig erhielten und für die Kinder anziehend blieben?

Natürlich ist es vor allem die Geselligkeit, die fröhliche Stimmung, der Spaß, der bei diesem oder jenem Spiel die Kinder entzückt und begeistert. Ist es aber nicht auch die Spannung auf das Ergebnis, den Verlauf des Spieles? Wem wird Peter jetzt „zublinzeln"? Ob der Plumpsack wohl hinter mir liegt, ob ich mich mal ganz schnell umschaue?

Die Möglichkeit, die eigene Geschicklichkeit, das eigene Können in fröhlicher Runde der Gleichaltrigen unter Beweis stellen zu können und mit vollem Einsatz spielen zu müssen – das ist es wohl, was die große Anziehungskraft, das Interesse der Kinder an Gesellschaftsspielen hervorruft und auch ihre ganze Persönlichkeit zu aktivieren vermag.

Und vor allem – jedes Kind kann dabei seine Fähigkeiten beweisen, denn es wird allseitig gefordert. Da muß man lauschen, aufmerksam hinhören, aus welcher Richtung das Glöckchen ertönt – am Tonfall erraten, wer da gesprochen hat usw. Hier gilt es zu laufen, geschickt der „Katze" zu entwischen, jemand zu fangen, schnell und doch vorsichtig etwas zu tragen. Keiner darf die Bürste fallen lassen, die heimlich weitergereicht wird und – alle strengen sich beim Tauziehen an, damit die eigene Mannschaft gewinnt.

Auch schauspielerisch wird man gefordert. „Ina soll die arme ‚Katze' spielen, sie kann ihr Gesicht so lustig verziehen! Sie bringt jeden zum Lachen, dann haben wir viele Pfänder zu verteilen!"

Und doch gibt es mitunter gerade in solch fröhlicher Runde spielender Kinder Tränen. Trotz größtem Einsatz läuft Jürgen schon zum dritten Mal als Plumpsack und kann kein Kind abschlagen. Ein anderes Kind wird böse, weil es nicht „drankommt" u. a. Aber schon in der nächsten Spielrunde gelangt es

zu Erfolgen und überwindet seinen Kummer. Alle diese Möglichkeiten, die den einzelnen Spielen innewohnenden Potenzen, die Emotionen und Aktivitäten, die sie auslösen können, muß die Kindergärtnerin bedenken, bevor sie die Kinder zum Spiel auffordert.
Freude und Fröhlichkeit, schöne kollektive Erlebnisse sollen die Gesellschaftsspiele auslösen, und geschickt soll die Erzieherin sie lenken. Einfühlsam und überlegt beeinflußt sie das Verhalten der Kinder dabei –, sie bekräftigt positive Eigenschaften, bringt schüchterne Kinder zu Erfolgserlebnissen, zügelt die Kinder, die sich zu sehr in den Vordergrund drängen. Stil und Ton, in denen Gesellschaftsspiele durchgeführt werden, die Forderungen der Kindergruppe selbst nach ehrlichem gerechtem Spiel, in das jedes Kind gleichberechtigt einbezogen wird –, gerade diese parallelen pädagogischen Einwirkungen führen mitunter zu wirkungsvolleren Erziehungsergebnissen als lange Ermahnungen.
Einige *grundsätzliche Hinweise* gilt es aber beim Einsatz und bei der Durchführung der Gesellschaftsspiele zu beachten:
Zunächst muß man den *Charakter* des Spieles herausfinden – ist es ein ruhiges Spiel oder wird es die Kinder sehr erregen?
Bei letzterem sollte die *Spieldauer* nicht zu sehr ausgedehnt werden, ein anschließendes ruhigeres Spiel kann die Erregung der Kinder zum Abklingen bringen.
Müssen die Mädchen und Jungen jedoch zu lange untätig warten, bis sie „an die Reihe" kommen, so kann auch ein ruhiges Spiel, zum Beispiel „Blinzeln", recht unruhig werden.
Hierbei kann man zum Beispiel die Kindergruppe in zwei Spielgruppen aufteilen, die selbständig spielen. Vorschulkindern bereitet es manchmal Schwierigkeiten, die Spielregeln richtig zu erfassen, daher sollten neue, unbekannte Spiele nur in großen Abständen eingeführt und längere Zeit beibehalten werden. Eine Steigerung in den Anforderungen ist durch Abwandlungen, also Spielvarianten zu erreichen. So kann die Laufstrecke beim Eierlauf vergrößert werden, das Ei (Kugel oder Ball) größer, der Löffel kleiner sein.

Für jüngere Kinder sollten möglichst solche Spiele gewählt werden, bei denen *jedes* Kind zu einem Erfolg gelangt, indem die Anzahl der Preise vergrößert wird. Oder man spricht nur Lobe oder Anerkennungen aus.

Spiele, die ein intensives Bewegen erfordern, führen wir im Freien durch —, aber nicht an heißen, drückenden Tagen.

Im Zimmer kann es jedoch auch einmal lustig und turbulent zugehen, wir sorgen natürlich dafür, daß die Kinder genügend frische Luft erhalten und daß sie sich nach dem Spiel wieder beruhigen.

Große Freude herrscht, wenn zum Beispiel alle Kinder das Geheimnis eines Spiels bereits erraten haben, aber nun die Köchin, der Hausmeister oder am Abend einmal eine Mutti, ein Vati in die fröhliche Runde eingeladen werden. Damit sind wir beim *Einsatz* der lustigen Gesellschaftsspiele. Sie können eigentlich zu jeder Tageszeit gespielt werden, von den größeren Kindern immer selbständiger — warum soll man erst lange auf besondere Festtage warten? Jeder Tag im Kindergarten sollte ein schöner Tag sein, von dem die Jungen und Mädchen den Eltern zu Hause fröhlich berichten, der sie die Verbundenheit mit ihrem Kinderkollektiv und ihrer Erzieherin spüren läßt. Den Kinderfesten und ähnlichen Höhepunkten bleiben die beliebtesten und auch etwas zeitaufwendigen Spiele vorbehalten, zum Beispiel „Stuhlpolonaise", „Kringelbeißen" u. a. Die „Lügengeschichten" kann die Erzieherin zum Fasching vortragen, jedoch nur dann, wenn die Kinder den richtigen Ablauf der Geschichte oder des Märchens schon gut kennen. Bekannte Spiele mit neuen Utensilien und in originellen Verkleidungen durchgeführt, zum Beispiel das „Sackhüpfen" mit ulkigen Hüten auf dem Kopf, können Überraschungen auslösen und Spaß bereiten. Und das sollten eigentlich alle Spiele unserer Sammlung!

Such- und Geschicklichkeitsspiele

Vöglein, piep einmal!

Material: etwas Zellstoff, ein Tuch
Spielverlauf: Einem Kind werden die Augen verbunden. Es setzt sich auf den Schoß eines Spielers und fordert ihn auf: „Vöglein, piep einmal!" Der Spieler antwortet mit „piep". Er kann dabei seine Stimme verstellen. Das Kind muß erraten, auf wessen Schoß es sich gesetzt hat.
Hat das Kind vorher genau beobachtet, in welcher Reihenfolge die Kinder sitzen, kann es in eine bestimmte Richtung gehen und weiß schon vorher, welches Kind dort sitzt. Um das zu vermeiden, wird es, nachdem ihm die Augen verbunden wurden, einige Male um sich selbst gedreht. Es verliert dann die Orientierung. Der Spielleiter kann auch alle Spieler auffordern, ihre Plätze zu wechseln, nachdem er dem Ratenden die Augen verbunden hat.

Feuer, Wasser

Material: ein nicht zu großer Gegenstand
Spielverlauf: Ein Kind geht vor die Tür. In der Zwischenzeit versteckt ein Spieler einen Gegenstand. Das Kind wird wieder hereingerufen und muß den Gegenstand suchen. Alle anderen Spieler helfen ihm dabei. Ist das Kind vom Versteck weit entfernt, rufen sie „Wasser", nähert es sich ihm, wird „Feuer" gerufen, wendet es sich wieder von dem Ort des versteckten Gegenstandes ab, geben ihm das die Kinder durch den Ruf „Wasser" zu verstehen.
Sind die Kinder in diesem Spiel geübt, wählen sie noch einen dritten Begriff, zum Beispiel „Kohle", um das Versteck genauer zu bestimmen. Sie wenden ihn dann an, wenn der Spieler auf das Versteck zugeht.

Jakob, wo bist du?

Material: etwas Zellstoff, ein Tuch
Spielverlauf: Einem Mädchen und einem Jungen, „Jakob" und „Jakobinchen", werden die Augen verbunden. Der Junge sucht das Mädchen mit dem Ruf: „Jakobinchen, wo bist du?" Nachdem das Mädchen mit „Hier bin ich!" geantwortet hat, läuft es

schnell in eine andere Richtung. Jakob muß versuchen, Jakobinchen zu fangen. Dabei ist es wichtig, daß Jakob ständig nach Jakobinchen fragt, damit es ihm recht schnell gelingt, es zu fangen. Beide müssen sich sehr leise bewegen, damit sie nicht verraten, in welche Richtung sie laufen. Wurde Jakobinchen gefangen, suchen beide Spieler mit verbundenen Augen zwei Kinder aus dem Kreis heraus, und das Spiel beginnt von neuem. Man kann auch nur dem suchenden Kind die Augen verbinden. Dann muß aber berücksichtigt werden, daß es möglichst geschickter ist als das Kind, das gesucht werden soll. Der Kreis soll nicht zu groß sein.

Such die Bürste!

Material: eine Bürste
Spielverlauf: Ein Spieler befindet sich in der Mitte des Kreises. Alle anderen stehen eng im Kreis um ihn herum.

Nach einem Kommando des Spielleiters reichen sie hinter ihren Rücken eine Bürste herum. Ab und zu necken sie den in der Mitte stehenden Spieler und streichen ihm mit der Bürste über den Rücken. Das muß aber so geschickt gemacht werden, daß er gar nicht merkt, wer es tut. Der Spieler versucht, die Bürste zu erhaschen. Dabei muß er ordentlich aufpassen, denn er wird oft von den anderen Spielern getäuscht. Kaum glaubt er die Bürste bei einem Kind entdeckt zu haben, streicht ihm schon ein anderes mit ihr über den Rücken. Schnell dreht er sich um — aber längst befindet sich die Bürste wieder bei einem anderen Kind.
Hat er sie endlich erwischt, geht das Kind in den Kreis, bei dem die Bürste gefunden wurde, und das Spiel beginnt von neuem. Die Spieler müssen die Bürste sehr geschickt hinter ihren Rücken herumgeben, denn fällt sie auf die Erde, wird sie natürlich gleich von dem in der Mitte stehenden Kind entdeckt, und der betreffende Spieler kommt als nächster zum Suchen an die Reihe.

Schwänzchen zeichnen!

Material: Wandtafel, ein Stück Kreide, ein Tuch, etwas Zellstoff
Spielverlauf: Der Spielführer zeichnet mit Kreide ein Tier an die Wandtafel (ein Schweinchen, eine Katze usw.). Das Schwänzchen läßt er weg. Einem Kind werden die Augen verbunden, es wird zur Wandtafel geführt und muß versuchen, trotz verbundener Augen das fehlende Schwänzchen mit Kreide an die richtige Stelle zu zeichnen. Die jüngeren Kinder erhalten ein aus Pappe ausgeschnittenes Schwänzchen, das sie an die Zeichnung kleben dürfen. (Hafttafel; oder etwas Plastilin am Schwänzchen befestigen.) Für die Zuschauer ist das sehr lustig und für den Spieler auch, denn nachdem ihm das Tuch abgenommen wurde, stellt sich meistens heraus, daß das Schwänzchen an ganz falscher Stelle sitzt.
Der Spielführer kann zur Erleichterung das Schwänzchen zuerst mitzeichnen, damit alle Kinder einen vollständigen Eindruck

von dem Tier erhalten. Er muß es natürlich danach wieder auslöschen. Man kann dem Kind, das die Aufgabe des Zeichnens ausführt, auch helfen und ihm zwei oder drei Hinweise geben, zum Beispiel das Schwänzchen etwas höher oder etwas mehr nach links zu zeichnen usw.

Schellenmann oder Glöckchenfangen

Material: Ein Glöckchen
Spielverlauf: Die Kinder fassen sich an den Händen und bilden einen (nicht zu kleinen) Kreis. Zwei oder drei Kindern werden die Augen verbunden, eines erhält ein Glöckchen und beginnt fortwährend zu klingeln. Die beiden anderen Spieler versuchen, den „Schellenmann" zu fangen, der es durch geschicktes Ausweichen zu verhindern versucht. Wem der Fang gelingt, der wird „Schellenmann". Das Spiel kann im Freien und im Zimmer gespielt werden.

Ein Überraschungspaket

Material: ein Farbwürfel, ein Paket, das mit Packpapier verpackt und mit einer Schnur einfach verschnürt ist; in dem Paket befindet sich, in viele Lagen Papier eingewickelt und jedesmal mit einer Schnur lose verschnürt, eine kleine Überraschung, z.B. eine Faltarbeit (Kasperle in der Streichholzschachtel u.ä.)
Spielverlauf: In der Mitte des Tisches liegt das Paket. Die Kinder würfeln nacheinander mit dem Farbwürfel. Wer zuerst die bestimmte Farbe, auf die sich alle Spieler vor dem Spiel geeinigt haben, gewürfelt hat, beginnt mit dem Auspacken des Paketes. Die Knoten dürfen nicht zerrissen, sondern müssen richtig aufgeknotet werden.
Dann wird weitergewürfelt. Wer wieder die betreffende Farbe gewürfelt hat, bekommt schnell das Paket zugeschoben und

packt es weiter aus. Das Papier und die Schnüre werden in die Mitte des Tisches gelegt. Ist ein Kind mit seiner Aufgabe, zum Beispiel die Schnur aufzuknoten, noch nicht ganz fertig und ein anderer Spieler hat die betreffende Farbe schon gewürfelt, muß es das Paket trotzdem weitergeben, und der nächste Spieler versucht, schnell die Aufgabe zu lösen.

Das gibt viel Spaß, denn oft kommt man längere Zeit nicht zum Aufknoten, weil das Paket ständig weitergegeben werden muß.

Der Spielleiter achtet darauf, daß trotz des Spieleifers bis zum Schluß alles richtig und ordentlich ausgeführt wird. Es ist notwendig, daß er vorher genau und verständlich den Verlauf des Spiels erklärt, da sonst oft Störungen das Spiel unterbrechen.

Wer die letzte Papierhülle entfernen konnte, darf das kleine Geschenk behalten.

Stuhlpolonaise!

Material: ein Tamburin, zwei Topfdeckel oder ähnliches
Spielverlauf: Eine Stuhlreihe wird so aufgestellt, daß die Sitzflächen abwechselnd nach der einen und nach der anderen Seite gerichtet sind. (Es muß jeweils ein Stuhl weniger sein als Mitspieler vorhanden sind.) Die Kinder nehmen um die Stühle herum Aufstellung und halten die Hände auf dem Rücken. Der Spielführer steht etwas abseits und hat ein Tamburin in der Hand. Nach dem Zeichen des Spielführers gehen die Kinder singend oder im Rhythmus um die Stühle herum. Dabei bleiben die Hände auf dem Rücken. Zwischen den Kindern und den Stühlen muß genügend Abstand sein, so daß die Stühle nicht von ihnen berührt werden.

Unerwartet gibt der Spielführer mit dem Tamburin ein Zeichen. Sofort wird das Lied unterbrochen, und jeder Spieler sucht sich schnell einen Platz. Ist auf der anderen Seite noch ein Stuhl leer, muß der Spieler an der Stuhlreihe entlang bis an das Ende und auf der anderen Seite entlang bis zum leeren Platz laufen. Es kommt darauf an, daß jeder flink ist und schnell reagiert. Sitzen zwei Kinder auf einem Stuhl, entscheidet der Spielleiter, wer aufstehen muß. Bei jeder Spielrunde findet ein Kind keinen Platz. Es scheidet aus und nimmt einen Stuhl vom Ende der Stuhlreihe mit. Das Spiel geht weiter. Wer zum Schluß übrigbleibt, hat gewonnen. Schwung und Spannung kommt in das Spiel, wenn ein Erwachsener als Spielleiter auf dem Akkordeon oder auf dem Klavier dazu spielt. Er gibt dann das Zeichen zum Hinsetzen, indem er plötzlich zu spielen aufhört.

Der bunte Teller

Material: ein Teller mit eßbaren Stücken Gebäck, Wurst u. ä., Gabeln, Würfel
Spielverlauf: Auf einen Teller wird zuerst in der Mitte der Hauptpreis, zum Beispiel ein Pfannkuchen, ein Stückchen Schokolade oder Konfekt usw., aufgebaut. Um den Hauptpreis legt der Spielführer schneckenförmig lauter kleine Leckerbissen, zum Beispiel einen Bonbon, ein Scheibchen Bockwurst mit Senf, ein Stück Brot mit Marmelade, Kuchen, ein Stück saure Gurke usw. Welche Überraschung, wenn zwischendurch einmal jemand auf ein Scheibchen Zwiebel beißen oder ein kleines Stück rohe Kartoffel essen muß!
Der „bunte Teller" kommt auf den Tisch. Vor jedem Spieler liegen eine Gabel und ein Würfel.

Es wird der Reihe nach gewürfelt. Der erste Spieler, der eine „Sechs" (oder eine vorher vereinbarte Farbe) hat, darf sich mit der Gabel ganz vorsichtig den Bissen vom Teller holen, der „an der Reihe" ist.
In der Zwischenzeit wurde schon weitergewürfelt, und das Kind mit der nächsten „Sechs" ist dran. Jeder Bissen wird der Reihe nach vom Teller genommen. Keiner darf sich zum Beispiel vor dem Stückchen Rollmops „drücken" und vielleicht schon den nächsten Bissen „angeln", den er lieber essen möchte. So wird das eine Mal ein Spieler vor der Sechs „zittern", der nächste wieder wird sie sich aber herbeiwünschen.
An diesem Spiel sollten sich nur ältere Kinder beteiligen. Es ist günstig, wenn es von der Erzieherin nur mit acht bis zehn Kindern gespielt wird.

Blinzeln

Spielverlauf: An diesem Spiel kann nur eine ungerade Anzahl von Kindern teilnehmen. Die Stühle werden im Kreis aufgestellt, und zwar ein Stuhl mehr als die Hälfte der anwesenden Kinder. Sieben Kinder setzen sich zum Beispiel hin, so daß ein Stuhl frei bleibt. Alle anderen Spieler stellen sich hinter die Stühle und halten die Hände auf dem Rücken. Das Kind, das hinter dem unbesetzten Stuhl steht, beginnt mit dem Spiel:
Es blinzelt einem sitzenden Kind zu und gibt ihm damit das Zeichen, möglichst unauffällig und sehr geschickt aufzustehen, schnell zu ihm zu laufen und sich auf den leeren Stuhl zu setzen. Das gelingt aber nicht so einfach, denn alle Spieler, die hinter den Stühlen stehen, achten genau auf jede Bewegung, die das vor ihnen sitzende Kind macht. Sobald es aufstehen will, versucht der hinter ihm stehende Spieler es festzuhalten. Wurde das Kind von ihm berührt, darf es sich nicht losreißen, sondern muß sich sofort wieder auf seinen Platz zurücksetzen, und einem anderen Kind wird zugeblinzelt.

Die Spieler dürfen nur einen Augenblick die Hände nach vorn nehmen, um das Kind festzuhalten. Danach werden die Hände sofort wieder auf den Rücken gelegt. Ist es endlich gelungen, ein Kind auf den freien Stuhl zu locken, muß der Spieler, der jetzt hinter dem unbesetzten Stuhl steht, einem anderen zublinzeln. Jeder paßt gut auf, daß ihm sein Vordermann nicht wegläuft. Deshalb ist das Spiel erst richtig interessant und spannend, wenn es recht schnell hintereinandergeht.

Manchen Kindern fällt das Blinzeln sehr schwer. Man kann sich deshalb vor dem Spiel einigen, daß zum Beispiel mit dem Finger gewinkt wird.

Lirum, Larum, Löffelstiel

Material: ein Löffel
Spielverlauf: Ein Löffel wird von einem Spieler zum andern gegeben, und jeder wiederholt dabei den Reim:
Lirum, Larum, Löffelstiel,
wer das nicht kann, der kann nicht viel!
Die Aufgabe besteht lediglich darin, den Löffel genau *so* weiterzureichen, wie man ihn erhalten hat. Doch Spieler, die das Löffelspiel nicht kennen — und einige sind immer darunter —, übersehen leicht die Kleinigkeiten: ob er aus der linken Hand kam, ob er gedreht wurde, welche Seite oben liegt usw. Ge-

schieht die Weitergabe des Löffels nicht exakt, rufen alle, die es wissen, „falsch", und derjenige, der ihn nicht richtig gehandhabt hat, scheidet aus.

Tellerdrehen

Material: ein Teller (Holz oder Plast)
Spielverlauf: Die Teilnehmer sitzen im Kreis, auf Stühlen oder auf dem Fußboden. Einer stellt sich in die Mitte und versetzt einen Teller aufrecht in rasche Umdrehung. Dann ruft er einen Mitspieler auf und setzt sich. Der Gerufene muß den Teller erreichen, solange er sich noch dreht. Er versetzt ihn erneut in Schwingung und ruft den nächsten Spieler ... Wer zu langsam ist, gibt ein Pfand.

Neptun und die Fische

Material: Stühle (einer weniger als Spielteilnehmer)
Spielverlauf: Die Stühle werden, mit den Lehnen nach innen, zum Kreis aufgestellt. Ein Spieler führt als „Neptun" die „Fische" an, die auf dem Marsch um den Kreis verschiedene Bewegungen nachahmen. Das Wasser schlägt „leichte Wellen", „Sturm kommt auf" (die Arme bewegen sich heftig auf und ab) usw. Plötzlich kommt der Ruf: „Das Wasser ist spiegelglatt!" Alle versuchen, sich auf einen Stuhl zu setzen. Einer erwischt keinen Stuhl und wird „Neptun".

Schnellzug

Spielverlauf: So viele Stühle, wie Mitspielende teilnehmen, werden dicht nebeneinander in einem Kreis aufgestellt. Wenn alle Kinder bis auf eines sitzen, hebt mit Windeseile ein Rutschen von einem Stuhl zum andern an. Das einzelne Kind versucht, den noch freien Platz zu erhaschen, um im „Schnellzug" mitfahren zu können. Gelingt es ihm, hineinzuschlüpfen, so muß das links neben dem freien Platz sitzende Kind aufstehen und versuchen, den verlorenen Sitzplatz wieder zu gewinnen.

Der Lastträger

Material: Stühle, ein Bündel
Spielverlauf: Die Spielenden sitzen auf Stühlen im Kreis, nur ein Kind hat keinen Platz. Es trägt ein rundliches Bündel auf dem Rücken und wandert in der Kreismitte umher, während die anderen, wenn es der Lastenträger nicht zu bemerken scheint, ihre Plätze gegenseitig tauschen; er aber paßt auf, um sein Bündel rasch auf einen leer gewordenen Stuhl werfen zu können. Gelingt ihm das, so gehört der Platz ihm, und das andere Kind wandert mit dem Bündel auf dem Rücken umher. Wirft er aber fehl und fällt das Bündel vom Stuhl, so muß er weiterwandern und seine Versuche wiederholen.

Stuhlspiel

Material: Stühle, ein Stock
Spielverlauf: Die Stühle, auf welchen die Spielenden Platz nehmen, sind in langer Reihe, mit den Sitzen und Lehnen abwechselnd nach der einen und der anderen Seite, dicht aneinander gestellt. Ein Kind geht, mit einem Stock in der Hand, im Kreise herum, und dasjenige Kind, vor welchem es auf den Boden pocht, muß hinter ihm hergehen.
So pocht es bald hier, bald da, und es bildet sich nach und nach eine lange Reihe, die hinter ihm herzieht. Es ist ihm gestattet, beliebig zu „wandern", bis es plötzlich klopft. Auf dieses Zeichen hin versuchen alle Kinder schnell ihre Plätze einzunehmen, was

durch die verkehrt gestellten Stühle erschwert ist. Der Anführer versucht dabei zuerst einen Platz zu gewinnen. Das übrigbleibende Kind tritt an seine Stelle.

Der verlorene Schuh

Material: ein Schuh
Spielverlauf: Die Kinder sitzen eng aneinander im Kreis am Boden, ziehen die Beine an den Körper an, so daß unter den Knieen eine Lücke entsteht. Ein Schuh wandert in diesem „Gang" von Hand zu Hand. Der Suchende läuft um den Kreis herum, um den Schuh zu erwischen. Hat er ihn endlich bekommen, so ist er erlöst und setzt sich an die Stelle dessen, bei dem er ihn gefaßt hat, während dieser das Spiel weiterführen muß.

Die Feuerwehr

Material: Stühle, Kleidungsstücke, kleine Gegenstände
Spielverlauf: Die Stühle werden in zwei Reihen, mit den Lehnen gegeneinander, gestellt.

Die Kinder (Feuerwehrmänner) gehen singend um die Stühle herum. Die Erzieherin oder ein Kind spielt auf einem Instrument (Gitarre oder Holzblocktrommel). Wenn das Instrument ver-

stummt, hören die Kinder zu singen auf und legen einen Gegenstand auf einen Stuhl (Kleidungsstück).
Hat jedes Kind zwei bis drei Gegenstände abgelegt, heißt es „Alarm!" Die Kinder müssen schnellstens ihre Sachen zusammensuchen und anziehen. Das schnellste Kind ist Sieger.
Das Spiel kann auch in eine lustige Geschichte über die Feuerwehr eingekleidet werden.

Darstellen und Necken

Ratemal

Spielverlauf: Das Lied „Wir sind zwei Musikanten" wird in ein Rätselspiel umgewandelt. Ein Kind überlegt sich den Namen eines Musikinstrumentes und singt:
„Ich bin ein kleines Ratemal und spiel' euch etwas vor."
Alle Spieler singen nach der gleichen Melodie:

„Du bist ein kleines Ratemal und spielst uns etwas vor."
Sie fragen singend: „Was macht dein Ratemal?"
Darauf antwortet das einzelne Kind singend und führt die entsprechende Bewegung aus:
„So macht mein Ratemal:
bum, bum, bum, bum,
bum, bum, bum, bum,
bum, bum, bum, bum,
bum, bum, bum, bum."
Alle Kinder raten, welches Instrument gemeint ist. Wer es herausgefunden hat, darf die nächste Aufgabe stellen.
Voraussetzung dafür ist, daß die Kinder wissen, wie die einzelnen Instrumente nachgeahmt werden.

Armes Kätzchen!

Spielverlauf: Ein Spieler ist das „Kätzchen". Es geht von einem Kind zum anderen, kniet vor ihm nieder, miaut und mauzt in den schauerlichsten Tönen und schneidet dabei noch recht komische Grimassen. Das jeweils aufgesuchte Kind streicht dem Kätzchen über den Kopf und sagt dreimal hintereinander mit

ernstem Gesicht: „Armes schwarzes Kätzchen." Gelingt es dem Kätzchen, einen Spieler zum Lachen zu verleiten, ist dieser das Kätzchen und beginnt das nächste Spiel.
Fällt es einem Kätzchen sehr schwer, die Kinder zum Lachen zu bringen, muß sich der Spielleiter in das Spiel einschalten, damit es nicht langweilig wird. Er kann z. B. eine lustige Bemerkung machen, so daß die Kinder darüber lachen müssen, oder er spielt eine zweite Katze, die dem Kätzchen „antwortet".

Kommando Pimperle!

Spielverlauf: Die Kinder legen ihre Hände auf die Tischplatte, hören auf das Kommando des Spielleiters und führen mit den Händen alle Bewegungen aus, die in sehr kurzer Form nach dem Wort „Kommando" vom Spielleiter angegeben werden. Sagt der Spielführer zum Beispiel: „Kommando flach" legen alle Kinder ihre Handflächen auf den Tisch, „Kommando Faust" – alle Spieler ballen die Hände zu Fäusten, „Kommando Daumen hoch" – die Hände bleiben zu Fäusten geballt, und die Daumen werden hochgestellt. Noch viele andere Bewegungen kann man sich ausdenken. Zwischendurch erfolgt immer wieder das „Kommando Pimperle"; dabei klopfen die Spieler mit beiden Zeigefingern auf die Tischplatte.
Jedes Kind, das eine falsche Bewegung macht oder zu lange zögert, muß ein Pfand geben.

Ohne zu lachen!

Spielverlauf: Darf man bei allen anderen Spielen so richtig von Herzen lachen, so ist es jetzt gerade umgekehrt. Lachen ist verboten und wird bestraft! Außerdem darf auch niemand beleidigt sein und muß alles mitmachen!
Fünf bis sechs Kinder gehen in die Mitte des Spielkreises, und

jedes denkt sich für seinen Nachbarn eine Aufgabe aus, die dieser sofort im gleichen Raum lösen kann. Am besten ist es, wenn man vorher einige Beispiele für solche Aufgaben aufzählen läßt: „Ziehe dem Peter den rechten Schuh aus und binde den Schuh mit dem Schnürsenkel an die Türklinke!" – „Hüpfe wie ein Hase zweimal außen um den Kreis herum!" – „Hole Gerdas Schürze und binde sie Dieter als Kopftuch um!" – „Ziehe dem Peter die Schuhbänder aus seinen Schuhen und binde seine Füße damit an den Stuhlbeinen fest!" Der Spielführer achtet darauf, daß nur solche Aufgaben gewählt werden, die lösbar sind, oder solche, die einen Spieler nicht kränken.

Jeder Spieler, der in der Kreismitte steht, flüstert seinem rechten Nachbarn die Aufgabe zu, die er sich für ihn überlegt hat. Gibt der Spielleiter ein bestimmtes Zeichen, lösen die Kinder, ohne etwas zu sagen, ihre Aufgaben. Das sieht sehr lustig aus, weil die Spieler stumm die komischsten Bewegungen ausführen oder sehr ulkige Aufgaben lösen. Hierbei achtet der Spielleiter gut darauf, ob er irgendwo helfen muß. So hat zum Beispiel ein Kind seine Aufgabe vergessen, einem anderen bereitet die Ausführung Schwierigkeiten, weil der Spieler, dem es etwas anbinden soll, gerade im Kreis herumhüpft usw.

Bei diesem Hin und Her darf weder ein Spieler noch ein Zuschauer lachen – sonst muß er sofort ein Pfand geben. Erst wenn alle Aufgaben gelöst sind, dürfen alle tüchtig lachen!

Anfangs ist es besser, wenn die Spieler nacheinander ihre Aufgaben lösen. Jeder kann dann besser beobachten, was und wie es gemacht wird.

Später können zwei oder drei Kinder gleichzeitig ihre Aufträge erfüllen und erst dann alle fünf bis sechs Spieler zusammen. Wird das vorher erst einige Male geübt, haben alle Spieler mehr Freude daran.

Ich kneif' dich, und du lachst nicht!

Material: zwei Teller, eine Kerze
Spielverlauf: Der Spieler hat zwei Teller in der Hand, von denen der eine auf der unteren Seite mit Ruß geschwärzt ist. Er fordert ein Kind auf, zu ihm zu kommen und alles nachzuahmen, was ihm vorgeführt oder vorgesprochen wird. Dabei darf aber nicht gelacht werden!
Der Spieler bekommt den Teller mit der sauberen Unterseite, den anderen behält der Spielleiter. Der geschwärzte Teller muß so gehalten werden, daß der untere Teil auch stets nach unten zeigt. Keiner darf vorher darunter sehen!
Der Spielleiter fährt nun mit dem Zeigefinger am unteren Rand des Tellers entlang, kneift den Spieler leicht ins Kinn und sagt: „Ich kneif' dich, und du lachst nicht." Dabei macht er den Spieler, ohne daß dieser etwas davon merkt, ganz schwarz. Der Spieler ahmt alles nach, weil sein Teller aber sauber ist, wird der Spielleiter nicht schwarz. Den nächsten schwarzen Strich erhält der Spieler auf die eine Wange, dann einen auf die andere, auf die Nase und zuletzt auf die Stirn. Zwischendurch fährt der Spielleiter immer wieder am unteren Tellerrand entlang, damit er sich den Zeigefinger wieder schwarz machen kann.
Das gibt bei den Zuschauern ein Gelächter! Der Spieler glaubt, daß sie lachen, weil er sich kneifen lassen muß. Zum Schluß wird ihm ein Spiegel gereicht, und er darf sein „schönes Gesicht" bewundern.

Flaschensteigen

Material: Flaschen, ein Tuch, etwas Zellstoff
Spielverlauf: Die Flaschen werden in einer Reihe hintereinander aufgestellt. Der Abstand zwischen den Flaschen beträgt jeweils 20 bis 25 cm. Der Spieler darf zuerst versuchsweise mit unverbundenen Augen über die Flaschen steigen. Er probiert dabei,

wie groß seine Schritte sein müssen, um ohne Fehler über die Flaschen steigen zu können.

Nun kommt die große Aufgabe! Ihm werden die Augen verbunden, und er wird vor die erste Flasche geführt. Ganz vorsichtig darf er auch mit einem Fuß nachfühlen. Jetzt folgt der Trick! Ganz leise räumt der Spielleiter alle Flaschen weg, und erst dann darf der Spieler mit dem Steigen beginnen.

Wie lustig das aussieht, wenn er mit viel Anstrengung über Hindernisse „steigt", die überhaupt nicht vorhanden sind! Zuerst ist der Spieler sehr stolz, weil er keine Flasche umpurzeln hört. Aber dann merkt er doch, daß es nicht mit rechten Dingen zugeht, weil sich alle köstlich amüsieren. Wird ihm das Tuch von den Augen genommen, kann er sich erklären, warum alle Zuschauer so herzlich gelacht haben.

Damit sich das Kind, dessen Augen verbunden sind, orientieren kann, stellt sich der Spielleiter am besten an das Ende des Weges, den der Spieler gehen soll, und spricht mit ihm.

Damit das Spiel wiederholt werden kann, ist es notwendig, drei bis vier Kinder vor der Tür warten zu lassen, sie einzeln zum „Flaschensteigen" hereinzurufen.

Stumme Musik

Material: ein kleines Stöckchen
Spielverlauf: Die „Musikanten" sitzen im Kreis, der „Dirigent" steht in der Mitte. Er gibt mit einem Stöckchen den Takt an, und alle musizieren stumm mit. Einer trommelt, der andere geigt, der dritte bläst usw. Doch alle Gesten sind stumm auszuführen. Wer lacht oder weiterspielt, wenn der Taktstock gesenkt ist, muß ein Pfand geben.
Das Musizieren läßt sich auch so ausführen, daß alle die gleichen Instrumente „spielen", je nachdem, welches der Dirigent in bunter Folge gerade spielt.

Scharwenzel

Spielverlauf: Ein Kind wird zum „Scharwenzel" bestimmt. Er gibt bekannt, daß er Gedanken lesen kann: Er kann zum Beispiel genau erraten, wem der Spielleiter während seiner Abwesenheit die Hand gegeben hat. Der Spielleiter sagt zu dem den „Scharwenzel" spielenden Kind:
„Scharwenzel, Scharwenzel,
hör auf mein Wort
und geh nicht eher fort,
als bis ich es sage,
und reiche dem die Hand,
dem ich sie reichen werde."
Danach tritt eine kleine Pause ein. Sie wird nicht lange dauern, denn sicher macht ein ungeduldiger Mitspieler aus dem Kreis irgendeine Bemerkung, wie „Fangt schon an!" oder „Geh hinaus!", oder es lacht einer. Das ist für beide, den Spielführer und Scharwenzel, das vorher verabredete Zeichen. Sie merken sich den Spieler, der den ersten Ton von sich gegeben hat, und der Spielführer sagt: „Scharwenzel, geh!" Nachdem Scharwenzel das Zimmer verlassen hat, reicht der Spielführer dem Kind, das

zuerst gesprochen hat, die Hand. Scharwenzel wird wieder ins Zimmer gerufen. Ohne zu zögern, geht er sogleich zu dem betreffenden Kind und gibt ihm die Hand.
Da staunen natürlich alle. Sicher ist es nicht leicht, von selbst hinter das Geheimnis zu kommen. Der Spielleiter kann das Spiel noch einige Male mit dem eingeweihten Spieler wiederholen und recht auffällig zeigen, worauf es ankommt. Wurde von einem besonders findigen Zuschauer das Geheimnis entdeckt, hat der Spielführer gleich einen zweiten Partner.

Hast du den lustigen Peter nicht gesehen?

Spielverlauf: Ein Kind fragt ein zweites, den „Reisenden": „Hast du den lustigen Peter nicht gesehen?"
Darauf antwortet der Reisende: „Ja".
„Wie sah er denn aus?" oder „Was tat er?"
Darauf darf der Reisende nicht antworten, sondern er muß hüpfend allerlei Gesten oder drollige Bewegungen vorführen, welche die anderen Kinder so oft nachahmen müssen wie der Fremde. Wer es nicht gut macht oder lacht, vielleicht auch eine Bewegung weniger ausführt, scheidet aus der Spielrunde aus.

Der Esel als Lastträger

Material: Verschiedene Gegenstände, die sich zum An- oder Umhängen eignen; etwas Zellstoff, ein Schal
Spielverlauf: Ein Kind wird „Esel", dem verbindet man die Augen und führt es im Zimmer herum. Mit einer Hand muß es verschiedene Gegenstände befühlen, die man ihm gibt, und erraten, was es ist. Was das Kind beim ersten Anfassen oder Raten nicht herausbekommen hat, wird ihm umgehängt, auf den Kopf gestülpt oder über die Arme und Schultern gelegt, bis es ordentlich bepackt ist. Dann wird ihm die Binde abgenommen.

Der wandernde Stab

Material: Ein Stab
Spielverlauf: Ein Mitspieler bekommt einen Stab, und was er vormacht, müssen alle nachahmen. Hierauf gibt er den Stab an einen anderen ab und so fort. Es ergeben sich aus dem Spiel lustige Varianten.

Das Tierkonzert

Spielverlauf: Die Mitspielenden haben sich – ohne Wissen des „Kapellmeisters" – ein Tier gewählt, dessen Lautäußerung sie nachzuahmen versuchen, sobald der Kapellmeister die Bewegungen und die Laute des Tieres „darstellt".
Kräht er, so muß zum Beispiel das Kind, das den Hahn gewählt hat, auf seine Weise krähen, bellt er, so fällt ein weiteres Kind, das den Hund ausgesucht hat, ein. Jeder muß mit seinem Kikeriki – Miau – Mäh mäh usw. sogleich einsetzen. Es darf aber kein Tier aufgerufen werden, das in der Gruppe nicht gewählt wurde. Stellt also der Kapellmeister ein Tier dar, das nicht ausgesucht wurde, wird ein anderes Kind zum Kapellmeister bestimmt.

Guten Tag, Frau Hopsassa!

Spielverlauf: Die Kinder sitzen oder stehen im Kreis. Ein Kind eröffnet das Spiel. Es hüpft (auf beiden oder einem Bein) zu einem anderen Kind und spricht im Hüpfrhythmus:
„Guten Tag, guten Tag, Frau Hopsassa, wie geht es denn Frau Trallala?"
Das angesprochene Kind antwortet ebenfalls hüpfend: „Ich dank', ich dank', ich danke schön, ich werde gleich mal fragen gehn!" Beide Kinder tauschen den Platz, und das Spiel beginnt von neuem.

Das Auto (lustiges Darstellungsspiel)

Material: Eine Decke, vier Räder
Spielverlauf: Das Auto wird aus vier größeren Kindern (evtl. Pioniere) gebildet, die unter einer Decke auf der Bühne hocken. Die Räder werden einzeln hereingerollt und umständlich „angeschraubt" (bzw. jedem Kind eins unauffällig zum Halten gegeben) und „Luft aufgepumpt". Dabei „wachsen" die Kinder (machen einen Buckel). Während ein Reifen aufgepumpt

wird, wird der andere „platt" (Kind kauert sich niedriger). Wird der „Motor" angekurbelt, schlagen die Kinder unter der Decke auf den Boden und brummen. Nun setzt sich der „Fahrer" in das Auto und fährt los (Kinder setzen sich in Bewegung). Das Auto fährt nach rechts, nach links, mit „100 PS"; zuletzt rollen die Räder davon und alle Kinder purzeln hervor!

Mein Schiff kommt heut' in Rostock an

Spielverlauf: Die Kinder sitzen im Stuhlkreis. Sie halten die Hände wie beim Spiel „Ringlein, Ringlein, du mußt wandern" und bewegen sie rhythmisch (wie ein Schiff bei Wellengang).
Der Spielführer sagt: „Mein Schiff kommt heut' in Rostock an, es ist mit ... beladen".
Beispiel:
1 Fächer = alle Kinder bewegen die rechte Hand, als hielten sie einen Fächer.
1 Schere = Die Bewegung der rechten Hand bleibt, die linke Hand „schneidet" wie eine Schere.
1 Nähmaschine = Die Bewegungen der Hände bleiben, mit beiden Füßen wird „Nähmaschine getreten".
1 Schaukelstuhl = Alle Bewegungen bleiben, der ganze Körper wird „schaukelnd" hin und her bewegt.
1 Kuckucksuhr = Alle Bewegungen bleiben, die Kinder rufen „Kuckuck – Kuckuck" dazu.
Wer alle Bewegungen bis zum Schluß fehlerfrei ausführt, erhält ein Lob, einen kleinen Gewinn oder darf ein zweites „Schiff beladen".

Zwerglein, Zwerglein, rate!

Spielverlauf: Ein Kind sitzt mit verbundenen Augen in der Mitte eines Stuhlkreises (es kann auch noch eine Kapuze aufsetzen). Ein anderes sagt mit verstellter Stimme „Zwerglein, Zwerglein, rate"! Das Zwerglein muß raten, wer das Versehen gesagt hat.

Fröhliche Wettbewerbe

Eierlaufen

Material: zwei Löffel, zwei Kugeln (Toneier, Kartoffeln o. ä.)
Spielverlauf: Zwei Kinder erhalten je einen Löffel, auf dem ein Ei (Kugel) liegt. Nach einem Startzeichen laufen sie bis zu einem bestimmten Ziel und wieder zurück. Der Löffel muß dabei so

vorsichtig getragen werden, daß das Ei (Kugel) nicht herunterfallen kann. Verliert es ein Spieler auf dem Weg, muß er es schnell wieder aufheben, richtig auf den Löffel legen und dann weiterlaufen. Das Ei (Kugel) darf nicht mit der Hand festgehalten werden. Wer zuerst mit dem Ei (Kugel) auf dem Löffel am Ziel anlangt, erhält einen Preis.

Sackhüpfen

Material: zwei Säcke, etwas Schnur
Spielverlauf: Es liegen zwei saubere Säcke bereit. Ihre Länge muß mindestens der Größe der Kinder entsprechen. Zwei Kinder

schlüpfen in je einen der Säcke, die ihnen unter den Armen zugebunden werden. Nach einem Kommando hüpfen sie bis zu einem Ziel und wieder zurück.

Man kann den Kindern den Rat geben, im Schlußsprung (mit beiden Beinen zugleich) und nicht zu schnell zu springen, damit sie nicht so leicht hinfallen. Das Aufstehen im Sack ist recht schwer und bringt eine beträchtliche Verzögerung mit sich. (Jüngeren Kindern muß dabei geholfen werden.)

Bei einer anderen Spielform fassen sich jeweils zwei Kinder an den Händen und hüpfen gemeinsam zum Ziel. Fällt eines hin, hilft ihm das andere Kind beim Aufstehen.

Ähnlich kann dieses Spiel mit einem Reifen gestaltet werden, in den das jeweilige Kind steigt und den es mit beiden Händen in Hüfthöhe hält, während es im Schlußsprung vorwärts hüpft.

Topfschlagen

Material: ein Topf oder Plasteimer, ein Stock (ungefähr in Größe eines Kochlöffels), ein Tuch, Zellstoff
Spielverlauf: Einem Kind werden die Augen verbunden: es erhält einen Stock und muß sich in den Kreis stellen. Etwas von ihm entfernt wird auf den Boden ein Preis gelegt und ein Topf darauf gestülpt. Das muß sehr leise geschehen, damit das Kind nicht gleich nach dem Geräusch die Richtung, in der der Topf steht, bestimmen kann. Eventuell wird es noch einmal um sich selbst gedreht, damit es das Richtungsgefühl verliert. Danach sucht es mit dem Stock den Topf. Der Spielführer muß darauf achten, daß es vorsichtig auf dem Boden entlangtastet und nicht ziellos umherschlägt. Ist der Topf gefunden, darf der Spieler das Tuch abnehmen und die kleine Überraschung hervorholen.

Kringelbeißen

Material: Bindfaden, Brezeln oder Zuckerkringel
Spielverlauf: Das eine Ende des Bindfadens wird in Körperhöhe eines Kindes an einem Baum oder an einem Ständer befestigt. Auf die Schnur wird eine Brezel gezogen. Das andere Ende des Bindfadens hält der Spielführer in der Hand. Das lustige Kringelbeißen kann beginnen! Ein Kind tritt unter die Brezel. Es versucht, sie mit dem Mund zu erreichen und ein Stück davon abzubeißen. Die Hände muß es dabei auf dem Rücken halten! Der Spielführer kann es beim „Kringelschnappen" etwas necken, indem er die Schnur um wenige Zentimeter höher zieht. So muß das Kind noch einmal nach der Brezel schnappen. Das ist aber nur bei älteren Kindern möglich. Sobald ein Kind unlustig wird oder verzagt, hält der Spielführer die Schnur ein wenig tiefer, so daß es dem Kind gelingt, die Brezel anzubeißen, die es

dann erhält. Man kann die Spielregel für jüngere Kinder erleichtern. Die Schnur wird so gehalten, daß die Brezel ungefähr bis zur Augenhöhe des Kindes reicht. Es erhält die Brezel schon, wenn es sie mit dem Mund berührt hat.

Zielball

Material: eine Pappscheibe mit einem Durchmesser von etwa 1 m, in deren Mitte sich ein Loch von ungefähr 15 cm Durchmesser befindet; drei Stoff- oder Tennisbälle.

Spielverlauf: Die Pappscheibe wird schräg aufgestellt und mit einer Leiste befestigt. Sie kann recht lustig bemalt werden, zum Beispiel das Gesicht eines Äffchens tragen, das seinen Mund weit öffnet usw.

Ein Kind steht ungefähr in einer Entfernung von 3 bis 5 m vor der Scheibe. Es hat drei Bälle, mit denen es nacheinander versucht, in das Loch der Scheibe zu treffen. Für jeden Treffer erhält es eine Spielmarke, die es anschließend gegen einen kleinen Preis eintauschen darf.

Bei den jüngsten Kindern verringert man den Abstand vom Kind zum Ziel. Das kann man auch bei Kindern der mittleren oder älteren Gruppe tun, wenn man merkt, daß sie im Zielen sehr ungeübt sind.

Ringwerfen

Material: kleine Wurfringe, zwei Stöcke
Spielverlauf: Die Stöcke werden in einem Abstand von 2 m in den Rasen oder Sand gesteckt. Vor jedem Stock nimmt jeweils ein Spieler in einer Entfernung von ungefähr 2 bis 3 m Aufstellung. Er erhält drei Wurfringe, die er über den vor ihm stehenden Stock werfen muß.

Die Größe der Wurfringe und die Entfernung vom Spieler zum Stock sollten dem Alter bzw. der Geschicklichkeit der Kinder entsprechen. Bei jüngeren Kindern darf der Stock nicht zu lang sein.

Zielwerfen für die Jüngsten

Material: Plastwanne, Ringe, Tennisbälle
Spielverlauf: Auf der Wiese wird eine kleine Plastwanne aufgestellt (evtl. auch kleines rundes, aufgeblasenes Schwimmbassin). Die Kinder stehen in einer Entfernung von etwa 2 bis 3 m (mit

Seilen absperren) und werfen Ringe (aus Plast, Holz) oder Tennisbälle hinein. Die Treffer werden gezählt, die Kinder, welche die meisten Treffer erzielten, erhalten kleine Preise.

Zielwerfen für die ältere Gruppe

Material: Bemalte Blechbüchsen, Stoffbälle
Spielverlauf: Eine oder mehrere buntbemalte Blechbüchsen werden an einem Bindfaden befestigt und an einem weitausladenden Baumast (oder Klettergerüst) aufgehängt. Aus etwa 2 bis 3 m Entfernung zielen die Kinder mit Stoffbällen nach den Büchsen.

Papier tragen

Material: Papierbogen in der Größe der Hand des Kindes
Spielverlauf: Dieses Wettspiel kann man im Zimmer, an windstillen Tagen auch im Freien durchführen. Zwei Gruppen nehmen nebeneinander Aufstellung. Sie stehen in zwei Reihen. Die ersten Kinder jeder Reihe erhalten je einen Bogen festes Papier. Sie dürfen ihn, auch während des Spiels – nicht festhalten, sondern müssen ihn auf der flachen Hand tragen. Ist das Papier sehr dünn, kann es mit einem Steinchen beschwert werden.
Nach einem Kommando laufen die beiden ersten Spieler bis zu einem bestimmten Ziel, zum Beispiel bis zu zwei Stühlen und wieder zurück. Fällt das Blatt dabei herunter, wird es wieder ordentlich auf die Hand gelegt, und es wird weiter gelaufen. Sind die Kinder bei ihrer Gruppe angelangt, legen sie schnell dem zweiten Spieler das Papier auf die rechte Handfläche, gehen bis zum letzten Spieler und stellen sich hinter ihm wieder auf.
Das nächste Kind läuft los, sobald es das Papier erhalten hat, usw. bis alle Kinder der Gruppe einmal gelaufen sind. Sieger ist die Gruppe, die ihre Aufgabe am schnellsten gelöst hat.

Autorennen

Material: zwei kleine Autos, die jeweils an einer Schnur in einer Länge von je 6 bis 9 m befestigt sind, zwei Hölzchen, Preise
Spielverlauf: Zwei Autos werden an zwei gleichlange Schnüre gebunden. Am anderen Ende der Schnur befestigt man je ein Hölzchen.
Zwei Kinder stellen sich nebeneinander auf und halten die Schnur in der Hand. Die Autos werden, der Länge der Schnur entsprechend, vor den Kindern aufgestellt.
Nach einem Kommando wickeln die Kinder die Schnur um das Hölzchen und ziehen die Autos auf diese Weise zu sich heran. Wer sein Auto am schnellsten herangezogen hat, ist Sieger. Viel Spaß bereitet es Spielern und Zuschauern, wenn die Autos wie beim richtigen Rennen Nummern tragen und drei oder vier Kinder um die Wette „wickeln".

Wasser tragen

Material: zwei Plastbecher, bis an den Rand mit Wasser gefüllt
Spielverlauf: Es werden zwei Spielgruppen gebildet, deren Spieler sich hintereinander aufstellen. Die ersten Kinder jeder Gruppe halten einen Becher mit Wasser in der Hand. Auf ein Zeichen laufen sie bis zu einem Ziel und wieder zurück. Kein Tropfen Wasser darf dabei vergossen werden. Hat ein Spieler etwas Wasser verschüttet, muß er zu einer Kanne laufen und den Becher wieder bis an den Rand mit Wasser füllen.
Die Kanne darf nicht direkt im Spielfeld, aber auch nicht zu weit entfernt stehen, damit die Verzögerung nicht so groß ist. Ist der Spieler zu seiner Gruppe zurückgekehrt, gibt er den Becher dem zweiten Kind in die Hand, geht an der Gruppe vorbei bis zum letzten Kind und stellt sich dort an.
Spielt man mit jüngeren Kindern, ist es allerdings besser, wenn

der Becher nicht bis zum Rand mit Wasser gefüllt wird, sondern nur halbvoll ist.
Gewonnen hat die Gruppe, deren letzter Spieler zuerst die Aufgabe erfüllt hat.

Bunte Stafette

Material: Kleidungsstücke (zwei Schürzen, zwei Jacken, zwei Hüte usw.)
Spielverlauf: Zwei Kinder laufen nach dem Startzeichen um die Wette bis zu einem Ziel. Dabei haben sie aber mehrere Hindernisse zu überwinden, die auf der Laufstrecke markiert sind. Am ersten Pfahl (oder Markierung) findet jeder Spieler zum Beispiel eine Schürze vor, die er sich allein umbinden muß. Wenn das geschehen ist, darf er weiterlaufen. An der zweiten Markierung muß sich jeder die Schuhe ausziehen und ordentlich hinstellen. (Wenn man die Kinder nicht barfuß laufen lassen kann, müssen sie eine andere Aufgabe lösen, zum Beispiel Pantoffeln anziehen.) Bei der dritten Markierung liegt für jeden Spieler eine Jacke bereit, die er anziehen und richtig zuknöpfen muß, bevor er weiterlaufen darf. Die letzte Aufgabe erfordert beispielsweise, daß er sich einen Hut aufsetzt, den er an der letzten Markierung vorfindet. Wer in der lustigen Verkleidung zuerst am Ziel ist, hat gewonnen. (Die Kleidungsstücke dürfen keine zu komplizierten Verschlüsse haben, da das Spiel sonst zu lange dauert.)
Die Aufgaben, die die Spieler an den Markierungen lösen

müssen, sind, entsprechend dem Entwicklungsstand der Kinder, beliebig zu verändern. So können zum Beispiel einer Puppe verschiedene Kleidungsstücke an- oder ausgezogen, ein Handwagen, eine Schubkarre ein- oder ausgeladen, etwas weggefahren, Reifen gerollt, Bausteine aus- und eingeräumt, ein Turm gebaut werden usw.

Tauziehen

Material: ein dickes Tau in einer Länge von 3 bis 10 m
Spielverlauf: Die Kinder werden in zwei zahlenmäßig gleiche Gruppen aufgeteilt. Ebenso wie beim Wettspiel muß der Spielleiter auch hier bedenken, daß es in jeder Gruppe einige sehr geschickte und kräftige Kinder, aber auch einige weniger geschickte und etwas schwächere Kinder gibt.
Das Seil liegt auf dem Boden. Dort, wo die Mitte des Seiles ist, wird ein Strich gezogen. Die Länge des Seiles richtet sich nach der Anzahl der Spieler. Auf keinen Fall darf es zu kurz sein, da sich die Kinder sonst beim Ziehen gegenseitig behindern. Jede Gruppe stellt sich an einem Ende neben dem Seil auf. Der Spielleiter gibt ein Zeichen, und das Seil wird von den Kindern aufgenommen. Nach einem zweiten Kommando strengt sich jede Gruppe an, um das Seil auf ihre Seite herüberzuziehen. Die Zuschauer feuern die Spieler durch Zurufe an.
Wurde das Seil von einer Gruppe etwa 1 bis 2 m über den Mittelstrich hinausgezogen, hat diese Gruppe gewonnen.

Was hängt an der Leine?

Material: eine Leine oder Zielscheibe, kleine Gewinne (zum Beispiel Buntstifte, kleine Bilderbücher, Spielzeug)
Spielverlauf: Vor allem den Kleineren wird es Vergnügen bereiten, von einer Linie aus auf eine entfernte Leine zuzulaufen, an der verschiedene kleine Gewinne hängen. Die Leine kann zwischen zwei Bäumen in 2 m Höhe gespannt sein. Die Belohnungen werden an herabhängende Bindfäden geknüpft. Bevor die Augen verbunden werden, sucht sich jedes Kind etwas aus. Auf Kommando laufen alle Kinder darauf zu. Welches zuerst einen Gegenstand festhält, bekommt ihn. Ein paar Trostpreise sollten auf alle Fälle bereitliegen! – Für die Größeren lassen sich auch Ziele vorsehen, bei denen Punkte zählen. Es wird eine große Tafel mit Ringen von verschiedenem Wert aufgestellt (Schießscheibe). Die Spieler laufen einzeln mit gestrecktem Arm darauf zu. Der anstoßende Finger bezeichnet den Wert.
Andere Möglichkeiten bestehen im Durchlaufen eines (durch Seile, Steine, Stöcke) markierten Weges (wer kommt am weitesten geradeaus?)
oder im Umschreiten eines gezogenen Kreises.

Die kleine Blindekuh

Spielverlauf: Ein Kind sitzt in der Mitte eines Kreises, die anderen stehen um es herum. Die erste „Blindekuh" wird ausgelost. Diese kniet vor dem Sitzenden und legt ihr Gesicht in dessen Schoß, so daß die Augen verdeckt sind. Die Hände werden auf dem Rücken gehalten. Die anderen Kinder geben abwechselnd einen kleinen Schlag auf die Hand der „Blindekuh". Sie muß aus der Berührung, aus der Art, wie der Schlag geführt wurde, erkennen, von wem dieser kam. Sie darf auch rasch aufspringen, sich umsehen und versuchen, aus der Mimik der Umstehenden zu erraten, wer der Richtige ist. Hat sie rasch zwei Schläge hintereinander bekommen, so darf sie auch zwei Spielende angeben. Wenn eine Lösung davon richtig war, ist der Ertappte die neue „Blindekuh".

Katze und Maus

Spielverlauf: Ein Kind wird als Katze und eines als Maus bestimmt. Die Maus versucht der Katze, die das Mäuschen fangen will, zu entwischen. Die anderen Kinder bilden einen Kreis und halten sich an den Händen gefaßt. Sie beschützen die Maus, die im Kreisinneren umherläuft. Die Katze versucht, in den Kreis zu gelangen. Durch Senken der Arme und Laufen in der Runde versperren die Kinder der Katze den Weg. Gelingt es ihr aber doch, in den Kreis einzudringen, bilden sie durch Heben der gefaßten Hände ein Tor zum Heraus- oder Hineinschlüpfen für das Mäuschen. Gelingt es der Katze trotzdem, die Maus zu fangen, so reiht sie sich in den Kreis der übrigen ein, und die „Maus" muß nun die „Katze" sein. Eine Maus wird neugewählt. Dabei kann man in scherzendem Ton singen: „Mäuschen, laß dich nicht erwischen, spring nur über Bänk' und Tische! Mäuschen, husch, husch."

Tüten schlagen (oder Luftballons)

Material: eine Leine, Plastetüten oder Luftballons
Spielverlauf: An einer Leine werden mehrere aufgeblasene Tüten oder Luftballons befestigt. Aus etwa 10 m Entfernung starten auf ein Zeichen einige Kinder. Wer zuerst eine Tüte herunterzieht oder zum Platzen bringt, ist Sieger und erhält einen Preis.
Variante: Es werden dünne Fäden gespannt (zwischen Bäumen o. ä.). An jedem Faden hängt ein bunt bemaltes Blatt Papier, das auf Signal bis an das Ende des Fadens (etwa bis 1 m) gepustet werden muß. (Das Papier hängt an einer Büroklammer.)

Polterbude

Material: Konservendosen, Stoffbälle
Spielverlauf: Wir bauen aus sechs Konservendosen eine Pyramide und werfen mit Stoffbällen danach.
Wer bei drei Würfen die meisten Treffer hat, erhält einen Preis.

Kegel am Baum

Material: ein Seil, ein Stoffball, Kegel
Spielverlauf: An einem langen, kräftigen Baumast wird ein Seil mit einem festen Stoffball am Ende befestigt.
Neun Kegel aus Plast werden darunter aufgestellt. Aus etwa 1 bis 2 m Entfernung wird das Seil gefaßt und in Schwung versetzt. Der Ball muß zuerst an den Kegeln vorbei und sie dann mit dem Rückschwung treffen. Wer die meisten Kegel getroffen hat, ist Sieger.

Der Bär in der Höhle

Spielverlauf: In einer „Höhle" sitzt ein Kind, welches den „Uhl-Bär" (alter Bär) spielt. Alle Kinder kommen neckend und rufend immer näher:
„Uhl-Bär rut, hast 'ne breite Schnut." (Alter Bär heraus, hast eine breite Schnauze.)
Der Bär springt plötzlich auf und versucht, die davonlaufenden Kinder zu fangen und in seine Höhle zu ziehen. Er darf sich nur in einem vorher festgelegten Umkreis von der Höhle entfernen. Das Spiel ist beendet, wenn alle Kinder in der Höhle gefangen sind oder wenn der Spielführer einen neuen Bären benennt.
(Vers und Benennung „Uhl-Bär" entstammen dem Plattdeutschen. In dieser Gegend wurde das Spiel von einer Kindergärtnerin aufgezeichnet.)

Die Katze schläft

Spielverlauf: Das Spiel läßt sich im Zimmer und im Freien durchführen. Es kann von jüngeren und älteren Vorschulkindern gespielt werden. Bei jüngeren Kindern spielt die Erzieherin die „Katze". Die Kinder sind die „Mäuse" und sitzen in einer Reihe. Ihnen gegenüber liegen einige Bausteine, die den Speck darstellen. Seitwärts zwischen den Kindern und dem Speck lauert die „Katze". Sie nimmt beide Hände vor das Gesicht (darauf achten, daß die Finger etwas gespreizt sind) und ruft: „Die Katze schläft!"
Darauf schleichen die „Mäuse" zum Speck und naschen. Auf den Ruf der Katze „Jetzt wacht sie auf!" laufen die „Mäuse" so schnell sie können in ihre Reihe zurück. Die gefangenen Mäuschen müssen im Katzenhaus bleiben. Das Spiel beginnt erneut. Es ist beendet, wenn nur noch ein Mäuschen übrig ist. Dieses wird die neue Katze.

Pfänder auslösen

Der Spielführer nimmt alle Pfänder auf den Schoß und deckt ein Tuch darüber. Ein Spieler stellt sich so vor ihn hin, daß er ihm den Rücken zuwendet. Der Spielleiter klopft dem Kind auf den Rücken und sagt dabei: „Dubbe, Dubbe, dub, was soll der tun, dem dies gehört?"
Alle anderen Kinder sehen das Pfand. Das Kind, das dem Spielführer den Rücken zuwendet und nicht weiß, wessen Pfand gezeigt wird, bestimmt die Pfandstrafe. Um recht viele Kinder am Pfänderauslösen zu beteiligen, wechselt man häufig das Kind, das die Pfandstrafe festlegen darf. Mit etwas Phantasie lassen sich viele und recht lustige „Strafen" finden. Hier einige Beispiele:

– Auf einem Bein im Kreis herumhüpfen.
– Ein Lied singen.
– Ein Gedicht aufsagen.
– Ein kleines Erlebnis erzählen.
– Mit verbundenen Augen einen auf dem Boden liegenden Gegenstand suchen.
– Vor jedem einen Knicks oder eine Verbeugung machen.
– Ein Rätsel raten.
– Stimme und Bewegung eines Tieres nachahmen.
– Sich auf eine Flasche oder einen Kegel, der auf dem Boden liegt, setzen und dabei mit Füßen und Händen nicht den Boden berühren.
– Sich auf einem Bein dreimal um sich selbst drehen.
– „Speck schneiden". (Das Kind geht in eine Ecke des Zimmers und spricht folgendes Verschen: „Ich stehe hier und schneide Speck, und wer mich lieb hat, holt mich weg.")
Erst wenn ein Spieler aus dem Kreis das Kind aus der Ecke herausholt, ist es erlöst und darf sich wieder auf seinen Platz setzen. (Man muß darauf achten, daß das Kind nicht zu lange stehenbleiben muß. Manche Kinder fangen dann an zu weinen und haben keine Freude mehr am Spiel.)
– „Schinken schneiden". (Die Spielausführung ist dieselbe wie beim „Speckschneiden". Der Vers lautet hier: „Ich stehe hier und schneide Schinken, und wer mich lieb hat, soll mir winken.")
– Sich auf den Boden setzen und wieder aufstehen, ohne die Hände zu gebrauchen.
– Einmal im Kreis herumgehen, dabei immer drei Schritte vor und zwei zurück.
– Auf dem Boden wird eine Linie gezogen. Das Kind geht die Linie entlang und trägt ein Geldstück auf dem Kopf oder hält einen mit Wasser gefüllten Becher in der Hand oder trägt einen Ball auf der flachen Hand usw.
– Mit verbundenen Augen ein Kind abtasten und erraten, wer es ist.

— Das Kind, dem das Pfand gehört, hält sich die Augen zu. Ein anderer Spieler geht aus dem Zimmer und ruft einen kurzen Satz oder den Namen des Kindes. Wer hat gerufen?
— Dreimal hintereinander einen Schnellsprechvers aufsagen.
— „Vier Ecken raten". (Das Kind, dem das Pfand gehört, geht aus dem Zimmer. Die anderen Kinder verabreden miteinander, welcher Spieler jeweils in einer Ecke des Raumes „steht". Das Kind wird wieder hereingerufen und nacheinander gefragt, was es mit den Spielern, die für die einzelnen Ecken bestimmt sind, machen will: „Was machst du mit dieser Ecke?" Das Kind antwortet zum Beispiel: „Mit dieser Ecke will ich tanzen, und ihr müßt dazu singen" oder: „Diese Ecke möchte ich einmal an den Haaren zausen" oder: „Mit dieser Ecke möchte ich dann draußen (im Winter) eine Schneeballschlacht machen" usw. Am Schluß erfährt es, welche Kinder für die einzelnen Ecken bestimmt waren.)
— „Drei Fragen hinter der Tür". (Das Kind verläßt den Raum. Die anderen Spieler einigen sich alle auf drei Fragen und auf die Reihenfolge, in der sie gestellt werden. Die Fragen müssen besonders zu dem abwesenden Kind passen. In scherzhafter Form kann zum Beispiel nach kleinen Schwächen oder Stärken des Spielers gefragt werden: „Ziehst du dich zu Hause immer allein an?" — „Willst du heute mittag deinen Pudding verschenken?" usw.) Das Kind wird wieder ins Zimmer gerufen und dreimal hintereinander gefragt: „Ja oder nein?" Erst wenn das Kind geantwortet hat, erfährt es die richtigen Fragen. Da alle anderen Kinder diese schon vorher kennen, gibt es während des Spiels viel Spaß.
— Drei Tierstimmen nachahmen.
— In der einen Ecke des Zimmers lachen, in der anderen weinen, in der dritten gähnen, in der vierten tanzen.
— Zwei Minuten mit ernstem Gesicht stillsitzen, während die anderen „Faxen" machen.

Lustige Lügengeschichten

Der Wolf und die sieben Katzen

Spielverlauf: Die Erzieherin sagt: „Ich erzähle euch jetzt eine Geschichte, wie ihr sie bestimmt noch nicht gehört habt. Wem etwas auffällt, der darf bei dem betreffenden Wort auf den Boden stampfen" (oder mit zwei Kochtopfdeckeln klappern).
„Es war einmal eine Ziegenmutter. Die hatte sieben kleine *Katzen*, und weil diese besonders lieb waren, sagte sie eines Tages: ‚Liebe Kinder, ich will an den See fahren und *Schokoladenfische* für euch angeln. Seid schön brav und öffnet *jedem*, der anklopft, die Tür.' ‚Wir werden dir folgen', sagten die Geislein. Als ihre Mutter fortgegangen war, setzten sie sich vor den *Fernsehapparat*. ‚Der Film *riecht* aber langweilig', sagte das kleinste *Kätzchen*. Da klopfte es an der Tür. ‚Macht auf, liebe Kinder', rief jemand mit *tiefer* Stimme. ‚Eure liebe *Eisenbahn* ist wieder hier und hat jedem von euch etwas mitgebracht.' ‚Du bist unsere liebe Mutter nicht', antworteten die Ziegen, ‚unsere Mutter spricht lieblich wie ein *alter Badeofen*.' Wütend zog der Wolf davon. Bei einem Bäcker kaufte er sich einen *Kaktus*, fraß ihn und bekam eine feine Stimme davon.
Als er wieder an die *Hundehütte* klopfte, sprach er wie die Ziegenmutter. Aber die Zicklein waren vorsichtig und forderten ihn auf, seine *Nase* auf das Fensterbrett zu legen. ‚Oh', meckerten sie, ‚du bist nicht unsere liebe Mutter. Du hast eine *blaue* Pfote, unsere Mutter hat eine *schwarze*. Du bist der böse Wolf.' Da lief der Wolf zum Müller, kaufte sich Mehl und tauchte beide Pfoten tief hinein. Nun waren sie schön weiß.
Als er wieder an der *Hundehütte* anklopfte, glaubten die Zicklein, daß er ihre Mutter wäre. Sie ließen ihn ein, und er gab jedem von ihnen einen *Teller Schokoladenpudding*. Nach dem Essen führte er sie hinaus zum *Rummelplatz*, wo sich ein Karussell drehte. Nur das kleinste Geislein versteckte sich in der *Puddingschüssel*. Als die Mutter heimkam, war sie sehr traurig, daß

sie ihre Kinder nicht mehr fand. Dem Kleinsten gab sie einen *Löffel Fliedertee*, weil es Bauchschmerzen hatte. Sie holte Nadel und Faden und ging mit dem *Elefantenkind* hinaus auf die Wiese. Dort schlief der Wolf. Ritsch – ratsch schnitt ihm die Mutter den Bauch auf, und alle Geislein sprangen munter heraus. Rasch sammelten sie auf der Wiese *Kartoffelklöße*, füllten den Wolfsbauch damit, und die Ziegenmutter nähte ihn zu. Da erwachte der Wolf, sprang vor Durst in die Höhe und hielt sich an einem *Wolkeneckchen* fest. *Er schwang sich hoch, setzte sich auf die Wolke und schrie und winkte, aber niemand holte ihn jemals wieder herunter."*

Schneewittchen und die 18 Eiswaffeln

Spielverlauf: Die Erzieherin erzählt, die Kinder stampfen mit den Füßen oder klatschen in die Hände, wenn ein falscher Begriff genannt wird.

„Es war einmal – *und das nicht nur zur Faschingszeit* – ein wunderschönes Mädchen. Es hieß *Regenwittchen*. Sein Gesicht war weiß wie Schnee. Als seine gute Mutter, die Königin, nicht mehr lebte, heiratete ihr Königsvater eine böse Frau. Sie war sehr schön, aber sie wollte noch viel schöner sein. Jeden Tag fragte sie den Spiegel: ‚Wer ist die Schönste im ganzen Land?' Der Spiegel antwortete: ‚Frau *Schaffnerin*, ihr seid die Schönste hier, aber Schneewittchen ist tausendmal schöner als Ihr!' Da wurde die Königin sehr böse. Sie ließ Schneewittchen holen und vom Jäger ins *Schwimmbad* bringen. Dem Jäger tat Schneewittchen leid. Er wollte sie nicht töten. So setzte er sie in ein *Flugzeug* und ließ sie über sieben Berge *hinwegfliegen*. Vor einem kleinen Häuschen *landete das Flugzeug*. Schneewittchen stieg aus und ging in das Haus, denn sie war müde. Um einen langen kleinen Tisch standen sieben Stühle. Auf sieben Tellern lagen sieben Stück *Seife*. Schneewittchen nahm Messer und *Bleistift* und schnitt sich von jedem ein Stückchen ab. Sie legte sich zum

Schlafen in den kleinsten *Papierkorb*. Es wurde Abend, und die Zwerge, denen dieses Häuschen gehörte, kehrten von der Arbeit heim. Sie wunderten sich, wer auf ihren Stühlchen gesessen und von ihren Tellern gegessen habe. Im Bett aber fanden sie das schöne Mädchen. ‚Welch hübsches *Rotkäppchen!*' rief der größte Zwerg. Schneewittchen erschrak. Die Männlein aber taten ihr nichts Böses. Sie ließen sie im Häuschen wohnen, jeden Tag eine gute Suppe kochen und *den neuen Wartburg in der Garage unter dem Haus putzen.*
In ihrem Schloß aber lebte die böse Königinmutter. Sie besah sich im Spiegel, und als sie ihn fragte, wer die Schönste sei, antwortete er: ‚Ihr seid die Schönste hier, aber Schneewittchen bei den sieben Zwergen ist tausendmal schöner als Ihr!' Da verkleidete sich die böse Königin in eine *Eisverkäuferin*. Sie ging zum Zwergenhäuschen. Schneewittchen erkannte sie nicht und wollte gern *eiskalte Strümpfe* bei ihr kaufen. Die Königin legte ihr einen Gürtel um und zog ihn so fest zu, daß Schneewittchen wie tot umfiel. Zum Glück kamen die Zwerge bald heim. Sie öffneten den Gürtel, und Schneewittchen erwachte.
Als der Spiegel der bösen Königin aber sagte, daß Schneewittchen immer noch lebe, verkleidete sie sich in eine Marktfrau und steckte sich Kämme in ihren *Campingbeutel*. Ein Kamm war vergiftet. Schneewittchen wollte gern einen schönen Kamm haben, um sich besser die *Fingernägel schneiden* zu können. Als sie den giftigen Kamm ins Haar gesteckt bekam, fiel sie wie tot um. – Wieder kehrten die Zwerge rechtzeitig heim, um Schneewittchen retten zu können. – Zum dritten Mal aber sagte der Spiegel der Königin, daß Schneewittchen noch lebe. So zog sich die Böse einen *Kosmonautenanzug* an und steckte sich vergiftete Äpfel in eine *Schultasche*. Sie lief zum Zwergenhäuschen. Schneewittchen hatte gerade großen Appetit auf *frischen Sternkuchen* und konnte nicht anders, als in einen vergifteten Apfel zu beißen. Sie fiel sofort um und lag wie tot. Die Zwerge konnten sie diesmal nicht erwecken. So legten sie Schneewittchen in einen gläsernen Sarg und weinten um sie. Eines Tages kam ein schöner

junger *Traktorist*. Als er Schneewittchen sah, wollte er es gern mitnehmen. Er lud den Glassarg auf seinen *Anhänger*. Weil der Waldweg so schlecht *gepflastert* war, ruckelte es ordentlich. Schneewittchen fiel dabei das Apfelstück aus dem Hals. So wurde sie wieder lebendig. Der junge *Traktorist* heiratete Schneewittchen, und alle kamen zur Hochzeit. Die böse Königin aber wurde für alle Zeit eingesperrt.
Und wer meint, daß er es besser weiß, der darf sofort die Geschichte richtig erzählen."

Hurra! Fasching ist da!

Spielverlauf: Die Erzieherin erzählt, die Kinder korrigieren sie durch Zurufe, wenn sie einen falschen Begriff verwendet.
„Schon lange freuen wir uns auf den Fasching! Gestern hängten wir *Bockwürste* (Girlanden) an und zogen sie durch's ganze Zimmer. Als die Kinder kamen, sahen sie sehr *schmutzig* (lustig) aus. Kerstin kam als Rotkäppchen verkleidet – in der *grünen* Mütze (roten) sah sie sehr lustig aus. In der Hand hielt sie einen *kleinen Koffer* (Korb), darin lag das *Futter für den Wolf* (das Essen für die Großmutter). Einige Jungen waren Indianer und trugen bunte *Zylinder* auf dem Kopf (Federschmuck). Es waren auch ein Schornsteinfeger mit seiner *Angel* (seinem Besen), ein Koch mit dem großen *Pinsel* (Kochlöffel) und ein Maler mit einem *Quirl* (Pinsel) in der Hand anwesend.
Zum Frühstück gab es gefüllte, gezuckerte *Luftballons* (Pfannkuchen), einige waren mit Senf, andere mit Marmelade gefüllt. Wir sangen viele *traurige* (lustige) Lieder und *weinten* (lachten) dabei. Frau Amsel spielte auf ihrer *Nähmaschine* (Gitarre). Dann spielten wir ‚mein *linker, linker* (rechter) Platz ist leer'. Am meisten freuten wir uns, als mit ‚Tritra – tralala'. der *Doktor* (Kasper) kam."

Bei einem Fest im Kindergarten kann auch einmal ein lustig angezogener „Schnellzeichner" auftreten. Wenn er mit seinem großen Zauberstift zu malen beginnt, wird er sich rasch die Sympathien vieler Kinder erobern. Doch auch zwischen den verschiedenen Belustigungen am Kindertag oder bei einem ähnlich fröhlichen Anlaß, am Nachmittag kurz vor dem Nachhausegehen oder wenn sich einmal das Mittagessen etwas verzögert, muß jeder Kindergärtnerin schnell etwas einfallen, um ihr kleines Völkchen zu beschäftigen.

Sollten wir diese Zeit nicht nutzen, um mit den Kindern einen kleinen Spaß zu machen? Noch einmal so gut lassen sich dann diese Zwischenzeiten oder eine unvorhergesehene Verzögerung im Tagesablauf überbrücken. Fast in jedem Gruppenraum gibt es eine kleine Wand- oder Standtafel, eine zum Bemalen hergerichtete Schrankfläche oder auch einfach nur eine starke größere Pappe, auf der wir einen Bogen Papier befestigen. Und schon kann unser gezeichneter Spaß beginnen. Mit farbiger Kreide oder starken Farbstiften, mit Zeichenkohle oder auch mit den Farbresten von der letzten Malbeschäftigung lassen sich rasch die lustigsten Dinge zaubern.

Das Schnellzeichnen sollte nicht als Methodik zum Zeichnenlernen aufgefaßt werden. Seine Eigenart besteht darin, daß mit wenigen charakteristischen Strichen die wirkungsvollsten lustigen Figuren entworfen werden. Auch ganze kleine „Malgeschichten" können zur Freude der Kinder entstehen. Jeder Erwachsene im Kindergarten kann es lernen, allerlei lustige Dinge, Tiere oder Menschen rasch mit wenigen Strichen zu zeichnen. Es soll ja keine „große Kunst" entstehen, sondern nur ein kleiner Spaß.

Einige kurze, lustige Begleitverse unterstreichen das Ganze wirkungsvoll. Sie sind leicht gelernt und bleiben für ähnliche Gelegenheiten im Gedächtnis haften.

Vor allem aber – die Kinder werden nicht ungeduldig, wenn sich irgend etwas verzögert, sind fröhlich und aufnahmebereit für neue interessante Betätigungen.

Kleine Zeichenverse

Schnellzeichnen

Punkt – Punkt –
Komma – Strich –
fertig ist das Angesicht (Mondgesicht);
gleich zwei kleine Ohren dran,
daß es nun auch hören kann.
Kleine Butter – kugelrund –
wie ein Käse – urgesund!
Arme wie 'ne Acht,
ist das nicht 'ne rechte Pracht?
Dazu Beine wie 'ne Sechs,
ei, ich glaub', das ist 'ne Hex'!

Der Stoffel

Punkt, Punkt, Komma, Strich,
fertig ist das Mondgesicht.
Einen Kloß
und 'ne Kartoffel,
fertig ist mein lieber Stoffel.

Die Miezekatze

Punkt, Punkt, Komma, Strich,
fertig ist das Mondgesicht.
Und zwei spitze Ohren,
so wird sie geboren.
Ritze-Ratze, Ritze-Ratze,
fertig ist die Miezekatze!

Der Storch

In einem Teich am Wiesenrain
schwimmen viele Fische, groß und klein.

Vom nahen Dorfe kommen vier Knaben,
die sich im Wald getroffen haben.

Ganz leise kommen sie gegangen
und wollen sich die Fische fangen.

Der Wächter guckt grad' nicht heraus.
Er schläft in seinem Wächterhaus.

Doch plötzlich ist er aufgewacht,
guckt 'raus und ruft ganz aufgebracht:

O weh, ich werde ja bestohlen!!
Da muß ich meinen Stock schnell holen.

Und wütend kommt er angerannt,
den Stock in der erhob'nen Hand.

Die Buben sehn's, und ganz geschwind
sind sie davon, schnell wie der Wind.

Der Wächter eilt voll Zorn zurück.
Für diesmal hatte er kein Glück.

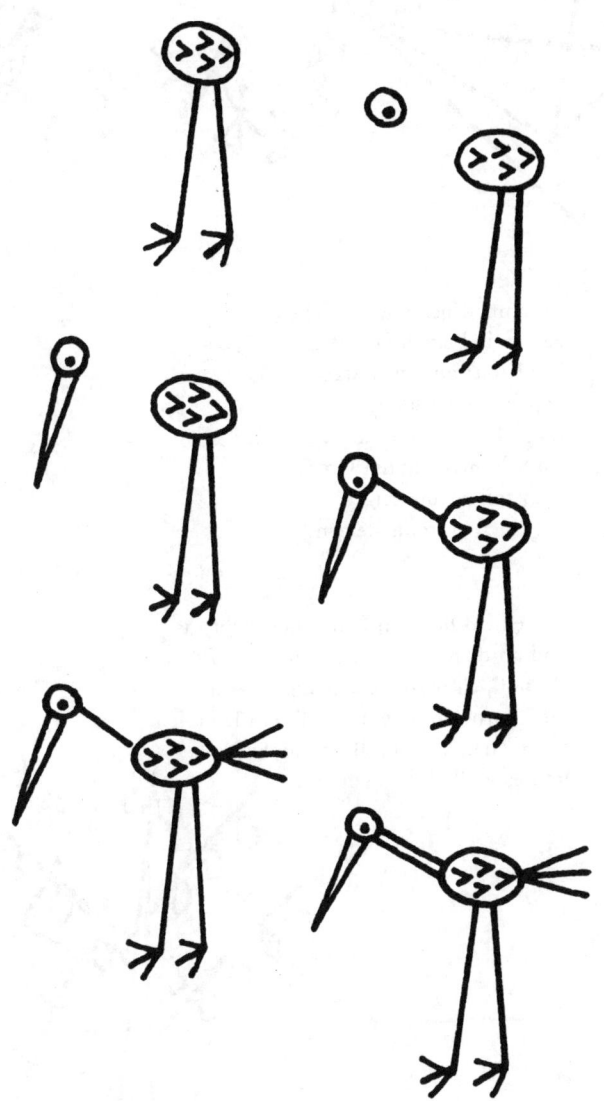

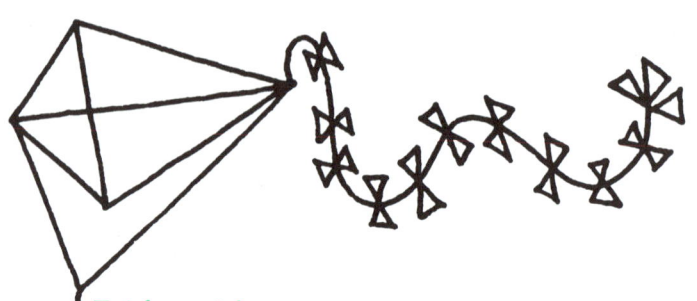

Zeichenspiele

Kommt, Kinder, wir machen
geschwind einen Drachen.
Ein Kreuz aus zwei Stäben,
Papier drüber kleben.
Ein Schwänzchen mit Schleifen,
ein Schnürchen zum Greifen.
Nun soll er uns zeigen,
wie hoch er kann steigen!

Auf einem Beet ein Bäumchen steht,
und an dem Baume hängt manche Pflaume.
Da hol' ich herbei der Stangen zwei,
setz' Sprossen hinein, wird's ein Leiterlein.
Dann steig' ich den Baum hinauf
und esse alle Pflaumen auf.

Runder Rücken, runder Bauch,
einen Rüssel hat es auch.
Hier ein Ohr, da ein Ohr,
dort guckt noch ein Äuglein vor.
Vorn ein Bein und noch ein Bein,
hinten ein Bein und noch ein Bein,
fertig ist das Borstenschwein.
Halt – wir haben's noch nicht ganz –,
es fehlt ja noch der Ringelschwanz.

Ein Eilein, ein Ringlein,
ein Schwänzchen, Aug' und Schnabel,
fertig ist das Hänschen.

Was ich schon weiß, ist ein Kreis,
was wir jetzt malen, sind die Strahlen.
Oh, welche Wonne, jetzt scheint die Sonne!

Ich gehe zum Bäcker, hol' ein rundes Brot,
eine Semmel, zwei Salzstangen. –
Paß auf, jetzt wird dich das Häschen fangen!

Ein rundes Brot, zwei hohe Berge,
eine Wurst für das Brot. –
Paß auf, daß dich die Katz' nicht holt!

Ein Dreieck zeichne ich jetzt an
und setz' ein Boot nach unten dran.
Und auf den Wellen schaukelt leis –
ein Segelboot, wer es nicht weiß!

Schnellzeichnen mit Spaß

Das ist dick,

und das ist dünn,

das ist der Mond,

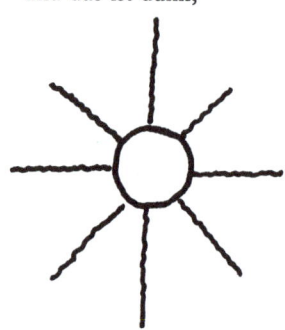

und das die Sünn (Sonne).

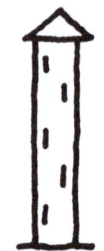

Das ist hoch,

und das ist niedrig.

Das ist Franz,

und das ist Friedrich.

Was man aus einem Ei zeichnen kann

Ein Ei ist dieses hier,

mach' daraus 'ne Ente dir.

Dies' Gesicht recht
fröhlich scheint,

während dieses weint.

Dieses ist ein Osterhas',

und 'ne Gackelhenn' ist das.

Malscherz

Ein großer Ball,
ein kleiner Ball,
obendran zwei Schleifchen,
hintendran ein Schweifchen,
ringsherum viel grüne Gräschen, –
fertig ist das Osterhäschen!

Ich male

Ihr Kinder, kommt heran,
ich mal' jetzt einen Hahn.
Er kriegt ein blaues Auge
und einen gelben Kopf –
und einen roten Hahnenkamm
und einen bunten Schopf.
Ja, auch der Schwanz wird prächtig
in Rot und Grün und Blau,
und er spaziert auf dem Papier
noch schöner als ein Pfau.

Das Kücken

Ein Kücken wollt ihr?
Das zeichnen wir hier.
Zwei Ringe, fast rund.
Ein Punkt ist das Aug',
ein Häkchen am Bauch.
Zwei Striche sind Beine.
Nun zwei Füße, ganz kleine.
Das Kücken steht da
und ruft nach Mama.

Der Gockelhahn

Wo bleibt der Gickel, Gockelhahn,
der so wacker krähen kann?
Wart', wir malen 1, 2, 3,
dich aus einem Hühnerei.
Hals und Kopf, das Aug', der Kamm,
und zwei Beine unten dran.
Nun den Schnabel, recht weit offen –
haben wir dich gut getroffen?
Und den Schwanz,
vergeßt ihn nie!
Stolz kräht er sein „Kikeriki".

Henne und Osterhase

Da kommt die Henne
schnell herbei,
gackert laut
und legt ein Ei.
Und vom Spektakel
und
Gekakel um das Ei
schnell pickt sich das Kücken frei.

Doch, was ist das für ein Spaß,
es kommt heraus ...
ein Osterhas'!

Hans in der Wanne

Eine Bank, die ist nicht schwer.
Sie hat zwei Beine, ein Brett quer.
Nun stellen wir eine Wanne hin. –
Seht, der Hans sitzt auch schon drin.
Wir malen jetzt nur sein Gesicht,
denn das andre sieht man nicht.
Hei, da gucken seine Beine,
und nun strampelt er, der Kleine.
Daran hat er sehr viel Spaß,
alles macht er pitschenaß.

Zwei Schnecken

Meta, die alte Schnecke,
kroch von links aus ihrer Ecke,
aber Laura, die junge Schnecke,
kam von rechts aus dem Verstecke.
Und wie das ist so Sitte,
sie trafen sich in der Mitte.
Die Alte sprach nach Schneckenart:
Junge Gräser, die sind zart!
Und beide fraßen von dem Gras.
Es regnete, sie wurden naß.
Schneckenlangsam blieben sie hocken.
Es regnete weiter,
doch plötzlich war's ihnen trocken.
Ihr wißt sicher auch warum?
Die Schnecken aber wissen's nicht,
die bleiben dumm.

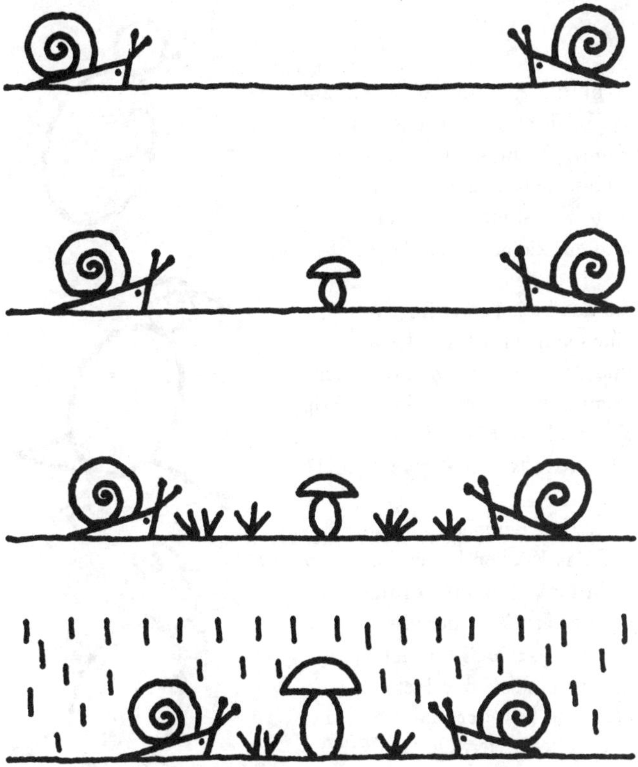

Malstunde

Achtung! Achtung! Kinderstunde!
Guten Tag, die ganze Runde!
Kinder, heute malen wir.
Nehmt den Bleistift und Papier!
Malt zuerst ein großes Ei
und ein kleines noch dabei.

An das kleine setzt ihr dann
einen spitzen Schnabel an;
und dahinter wie ein Tröpfchen
kommt ein Augenpunkt in's Köpfchen,
an das dicke Ei ein Schwanz.
Seht, bald ist das Kücken ganz!

Nun zwei Beinchen untendran,
daß das Kücken laufen kann.
Gebt ihr fleißig ihm zu fressen,
wird es größer unterdessen.
Endlich gackert's auf der Tenne
und ist eine schöne Henne.
Flugs eilt nun der Hahn herbei
und befiehlt: Jetzt leg ein Ei!

Jetzt ein neues Blatt Papier.
Wieder zaubern wir ein Tier;
jeder kann es sicherlich.
Bitte, macht mal einen Strich!

Darauf wird ein Kreis gesetzt,
obendran ein halber jetzt.

Lange Ohren: linkes, rechtes.
Seht ihr wohl,
das gibt nichts Schlechtes.

Unten in den großen Kranz
setzt ihr einen Stummelschwanz.
Nun: wer sitzt denn da im Grase?
Das ist ja der Osterhase!

Wollt ihr ihn von vorne seh'n,
müßt ihr leise mit mir geh'n.

Denkt euch, auf dem Striche sitze
jetzt ein Ei, doch ohne Spitze.

Malt ein kleines noch hinein,
mit zwei Ohren, lang und fein,

Schnuppernäschen, Augenpärchen,
und natürlich Schnurrbarthärchen.

Ein paar Blätter nicht vergessen:
Häschen hat dann was zu fressen.

Was liegt hier denn auf dem Tisch?
Das ist ja ein Brot, ganz frisch.
Eben kam es erst vom Bäcker,
warm ist's noch und duftet lecker.

So, jetzt schneidet davon ab
einen knusperdicken Knapp,

setzt ihm Augen, Ohren ein,
und ein Bärtchen, zart und fein.

Hinten wächst ein Schwanz heraus.
Wer fraß nun das Brot?
                – Die Maus.

Warum hat sie das getan?
Seht, da rollt ein Ring heran.

In dem Ring ein kleiner zwéiter.
Ohren wachsen. Das wird heiter.

Schiefe Augen, Nase, Tätzchen.
Auf der Lauer liegt das Kätzchen.
Husch, da läuft sie weg, die Maus.
Achtung! Kinderstunde
                – aus!

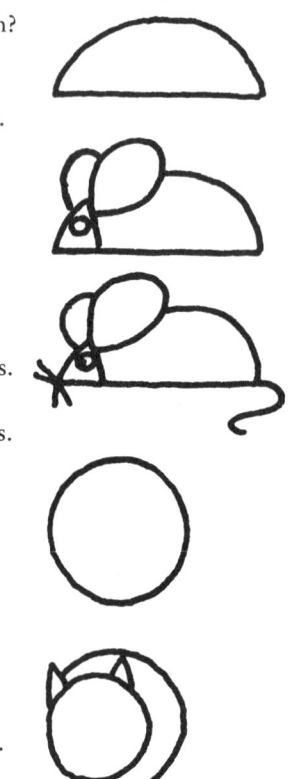

Schnellzeichnen ohne Worte

Warum zaubern wir den Kindern etwas vor? Wo doch alles auf dieser Welt natürlich zugeht und Ursache und Wirkung gefunden werden kann. Gerade darum geht es uns. Zaubern ist eine heitere Art des Rätselratens. Die Zuschauer wundern sich, staunen, denken nach und fragen sich: Wie ist so etwas möglich? Weshalb kann ein Spazierstock frei im Raum stehen und sich bewegen, ein Groschen verschwinden und aus einer Flasche ein Zweig wachsen? Es gibt doch keine Hexerei!
Das Zaubern soll den Kindern Vergnügen bereiten. Während der Zauberer Späße macht, von seinen Handlungen ablenkt, geschickt und schnell die Zuschauer täuscht, amüsiert sich das kleine Publikum und wird zum Mitdenken, zum Kombinieren angeregt und auch häufig in die Handlung einbezogen. Mit herzlichem Lachen werden die Scherze quittiert, manches wird nie erraten werden, vielleicht zu „ewigem" Nachdenken anregen, und welcher Erfolg für die gewitzten kleinen Zuschauer, die gut beobachtet haben und das Zaubergeheimnis entdecken und lüften können! Sie erlernen im Spiel, daß die Gesetzmäßigkeiten der Natur versteckt in einer Handlung zu verblüffenden und nicht erwarteten Lösungen führen können. So wachsen kleine Nachwuchszauberer heran, die ihre Freunde unterhalten und ebenso geschickt und schnell wie die Großen sein wollen. Fordern wir sie auf, ihre Meinung zu sagen, lassen wir sie ab und zu aktiv mitzaubern.
Zaubern ist bei vielen Situationen möglich, im Freien, beim fröhlichen Spiel, beim lustigen Zusammensein am Nachmittag bis hin zum Auftritt des geheimnisvollen Zauberers „Bibabo" im Festraum. Ganz schnell können wir uns mitten unter unseren Kindern durch einen spitzen Hut, einen Zauberstab, ja manchmal sogar nur durch eine „Zauberbrille" und eine Krawatte (schwarze Fliege), plötzlich zum Zauberer verwandeln.
Selbstverständlich werden wir nicht täglich vor oder mit den Kindern zaubern. Auch dürfen die Vorbereitungen dazu nicht so aufwendig sein, daß sie die Kindergärtnerin zusätzlich belasten. Aber am Kindertag, zum Fasching oder bei einer anderen

passenden Gelegenheit wird es sicher einigen Erwachsenen Vergnügen bereiten, die Kinder einmal mit kleinen Zauberkunststücken zu erfreuen.
Für alle diese Gelegenheiten bieten wir nachfolgend eine bunte Palette von Zaubereien an. Es empfiehlt sich, vor Vorschulkindern nicht als dämonische, angsterregende „Geister" aufzutreten. Ein Zauberer für die Jüngsten muß lustig sein. Das beginnt schon bei seinem Namen. Vielleicht heißt er so: „Simsalabim", „Schlamporius-Schlimpum", „Abrakadabra", „Plumbumbus-Schalumbus", „Hatschiebatschi Bimberatschi"; letzterer kann seinem Namen durch fortwährendes Niesen Ehre machen. Auch ein wirksamer Zauberspruch ist erforderlich, der vielleicht sogar etwas mit dem Namen des Zauberers zusammenhängen sollte. Heißt der Zauberer „Malokus", sagen wir den Spruch:
„Hokuspokus Malokus,
abrakadabra, dreimal schwarzer Kater,
purri, schnurri, surri.
Hokuspokus vidibus,
dreimal schwarzer Kater, rrrrrrr... puff puff!!"
Bei der letzten Zeile kann der Zauberer durch einige heftige Beschwörerbewegungen mit den Händen der Zauberformel mehr Nachdruck verleihen. Weitere Zaubersprüche könnten sein:
„Hokuspokus, dreimal geklatscht und einmal gedreht."
(Kinder klatschen und drehen sich, dabei zaubert die Erzieherin.)
„Lari – fari – rum – didum – verwandle dich
rasch in ein ... um!"
Es darf auch nicht vergessen werden, das Publikum einmal mitzaubern zu lassen. Die Selbsttätigkeit der Kinder während der Vorstellung erhöht den Spaß. Zur Situationskomik trägt es bei, wenn der Zauberer seinen Spruch vergessen hat, ihn verwechselt oder falsch sagt, zum Beispiel nicht „dreimal schwarzer Kater", sondern „dreimal weißer Hund (Hase)". Die Zauberei klappt nicht, und die Kinder müssen helfen! Sämtliche Bewegungen begleite man mit den nötigen „geheimnisvollen" Sprüchen.

Ein Zauberlehrling kann eingeweiht werden. Die Requisiten müssen so vorbereitet sein, daß während des Zauberns nichts ergänzt werden muß. Kunststücke, für die man sich vorher präparieren muß, werden gleich zu Anfang vorgeführt. Jedes ausgewählte Kunststück müssen wir natürlich vorher genügend geübt haben. Neben schwierigen Darbietungen fügen wir hin und wieder kleine, schnell zu erratende Scherze ein. Allen angehenden Zauberern viel Erfolg!
Hokuspokus!

Ein Zaubernachmittag

Rezept: Man nehme einen gut geeigneten Zauberer, bekleidet mit einem großen, bunten Mantel und einer phantastisch spitzen Mütze. Er braucht einen Zauberstab, eineinhalb Pfund Geheimnistuerei, zwei Pfund Humor, eine Prise Schalk. Die Zutaten können in einem abgedunkelten Zimmer dem gespannten Publikum nach folgenden Vorschriften gereicht werden:

Spazierstock hypnotisieren

Man binde einen Spazierstock in der Mitte an einen etwa 1 m langen, möglichst unsichtbaren Faden. Die Enden binde man an seine Beine dicht oberhalb der Knie. So vorbereitet erscheine man mit kleinen Schritten unter geheimnisvollem Gemurmel „abrakadabra". Man setzt sich auf einen Stuhl und lasse nach den nötigen Zeremonien mit dem Zauberstab den Stock (er könnte Emil heißen) zwischen den Beinen allein stehen, ohne ihn zu berühren. Nun soll „Emil" die Kinder begrüßen. Man zwingt ihn durch die Bewegung der Hände, sich zu neigen und sich wieder aufzurichten, winkt ihn zu sich heran, läßt ihn sich beugen. Durch das Straffziehen des Fadens mit den Beinen gehorcht)der Stock unserem Willen, ohne daß der Faden, der vom Mantel bedeckt wird, zu sehen ist. Sämtliche Bewegungen werden mit den nötigen geheimnisvollen Sprüchen begleitet.

Zweig aus der Flasche

In eine beliebige Weinflasche wird ein geschmeidiger Zweig gesteckt. An dessen unterem Ende wird ein kurzes Stück Angelsehne befestigt, diese muß etwas länger als der Zweig sein. Am oberen Ende der Sehne befindet sich eine kleine Perle. Der Zweig kann auch vor den Augen der Zuschauer in die Flasche gesteckt werden, wenn die Sehne am oberen Ende mit dem Daumen an den Zweig gedrückt wird. Beim Loslassen fällt die Perle über den Flaschenhals. Unter Zauberformeln greift der Zauberer die Perle und streicht mit beiden Händen an der Flasche entlang. Dadurch zieht er den Faden nach unten, und der Zweig wächst aus der Flasche heraus.

Tinte zu Wasser zaubern

Ein Wasserglas, das mit dunkelblauem Papier innen ausgekleidet und mit Wasser gefüllt ist, steht auf dem Tisch. Der Zauberer deckt ein Tuch darüber, murmelt Zaubersprüche, berührt es mit dem Zauberstab. Dann hebt er das Tuch hoch und zieht gleichzeitig das blaue Papier mit weg. Die „Tinte" ist auf diese Weise zu Wasser gezaubert worden.

Groschen aus dem Mund zaubern

Man nehme einen Groschen und tue so, als ob man ihn so fest in den Nacken drücke, daß er zum Munde wieder herauskommt. Während die eine Hand am Nacken liegt, legt die andere Hand den Groschen in die Armbeuge. Dieser Arm wird gebeugt nach vorn genommen. Inzwischen beteuert der Zauberer, daß es nicht gut sei, einen Groschen im Halse zu haben. Die Hand wird zum Munde geführt und mit einem Ruck der Groschen vorgeschleudert, so daß es aussieht, als ob er aus dem Munde kommt.

Der verzauberte Groschen

Zur Vorbereitung falten wir in zwei gleich große Stücke Papier (etwa 15 cm × 20 cm) zwei Brüche, schlagen sie nach der Mitte um und falten den nun entstandenen Streifen von beiden Seiten zur Mitte. An den geschlossenen Flächen kleben wir im Mittelteil die beiden Teile genau aufeinander, so daß sie sich von beiden

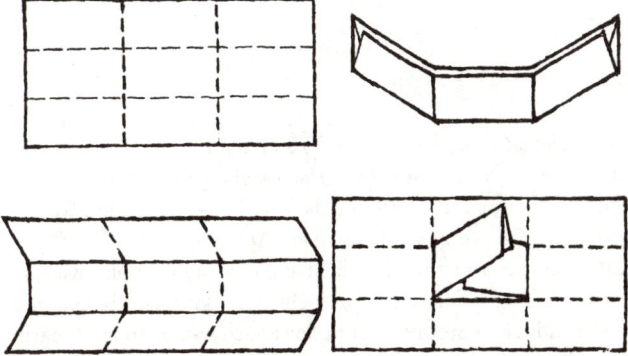

Seiten öffnen lassen. Vor dem Publikum öffnen wir eines der gefalteten Briefchen und halten es so, daß das andere nicht für die Zuschauer sichtbar wird. Der Zauberer legt einen Groschen hinein und dreht mit vielerlei Gemurmel beim Schließen den „Brief" unauffällig um, so daß die leere Seite nach oben zu liegen kommt. Nun wird der Groschen mit „abrakadabra" und „rrrr – püff puff" verzaubert. Auf dieselbe Weise läßt man den Groschen wieder erscheinen.

Der Ball auf Reisen

Wir benötigen einen Ball, der an einem Faden befestigt ist, dieser führt durch die Spitze einer Tüte nach außen. Der Ball wird jetzt aus der Tüte in den Hut des Zauberers geworfen, (dabei wird die Tüte einen Augenblick in den Hut gesenkt und der Faden angezogen, wodurch man den Ball am Faden wieder in die Tüte zurückzieht).
Der Ball „verschwindet" durch Zaubersprüche wieder aus dem Hut und wird erneut unter der Tüte gefunden (bei der der Faden nachgelassen wird, so daß der wiedererscheinende Ball gezeigt werden kann).

Kerze essen

Vom vielen Zaubern bekommt der Zauberer mächtigen Hunger. Er zündet sich eine auf dem Tisch stehende „Kerze" an und verspeist sie sogleich, während die Zuschauer die Zauberformel sprechen. (Die Kerze wird aus einem Apfel oder einer schliffigen Kartoffel geschnitten. Als Docht kann man ein Walnußstückchen nehmen oder einen geflochtenen Baumwollfaden, der vorher mit einer Stopfnadel durchgezogen und oben mit Stearin befestigt wurde.)
Nachdem die „Kerze" angezündet ist, muß sie sofort vom Zauberer „verspeist" werden. Beim Hineinstecken in den Mund wird die Flamme am nur kurz brennenden „Docht" ausgehaucht, und die Kerze wird vor dem erstaunten Publikum mit Wohlbehagen verzehrt. Wird ein Baumwollfaden als Docht verwendet, empfiehlt es sich, dieses Zauberstück zuletzt vorzuführen, weil man den Baumwollfaden nicht allzulange im Mund behalten kann.

Der wandernde Pfennig

Man legt einen Pfennig unter einen Teller und zaubert ihn mittels des Zauberstabes und mit Hilfe eines Spruches („abrakadabra, rrrrr- puff puff") unter einen zweiten Teller. – Aber das ist kinderleicht! Das Schwerste kommt jetzt erst; nämlich den Pfennig wieder unter den ersten Teller zurückzuzaubern. Man hebt den Teller hoch und siehe da –, der Pfennig liegt darunter. Man darf nur vorher zwischendurch nicht den zweiten Teller hochheben, sonst kommt der Schwindel heraus!

Durch die Postkarte kriechen

Der Zauberer behauptet, er oder ein Kind könne durch eine Postkarte kriechen. Das wird von den Zuschauern natürlich nicht geglaubt. Der Zauberer faltet eine Postkarte in der Länge einmal zusammen und schneidet sie dann mit der Schere ein.

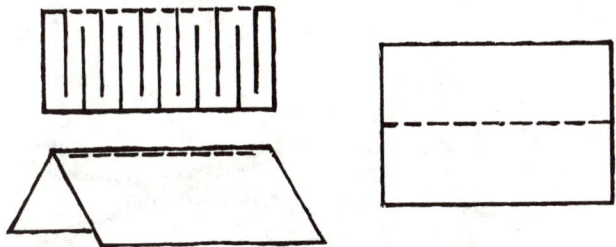

Dabei murmelt er gemeinsam mit den Zuschauern den Zauberspruch. Die Karte muß außerdem am Mittelbruch (punktierte Linien) aufgeschnitten werden, mit Ausnahme der beiden Seiten.
Nun zieht der Zauberer die Karte zu einer Kette auseinander, durch die ein Kind (oder auch der Zauberlehrling) mit Leichtigkeit hindurchsteigt.

Das verhexte Papierband

Nun tritt die Zauberschere in Aktion. Ein etwa 60 cm langer Seidenpapierstreifen wird vorgezeigt und dann harmonikaförmig zusammengefaltet. Jetzt werden mit der Schere die Kanten des zusammengelegten Streifens abgeschnitten. In Wirklichkeit

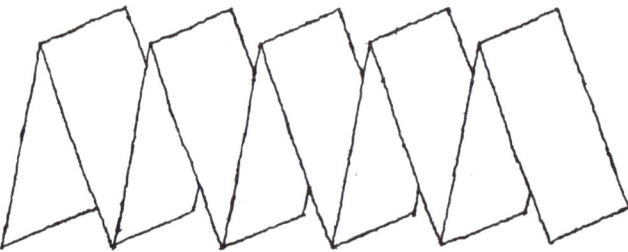

wird der Streifen nicht zerschnitten. Die Schere ist präpariert. Zwischen ihren geschlossenen Klingen sind Seidenpapierschnipsel versteckt, die beim Öffnen der Schere herausfallen. Da man diese Seite den Zuschauern abwendet und ganz nahe an dem in

der Hand gehaltenen Streifen die Schere öffnet und schließt, sieht es so aus, als hätte man den Streifen beschnitten. Er müßte also durch einen Schnitt in mehrere gleich große Stücke zerschnitten sein. Die abgeschnittenen Schnipsel werden einem Kind in die

Hände gegeben, das den Zauberspruch mitsagen darf. Alle anderen schauen auf den zusammengelegten Streifen, und mit Hilfe der Kinder, die fest an den Streifen „denken", wird dieser wieder unversehrt auseinandergezogen.

Kekse unter einen Hut zaubern

Drei kleine Kekse legt der Zauberer unter einen Hut, nimmt dann den Hut fort und fordert einen der Zuschauer auf, die Kekse zu essen. Er wolle sie nachher wieder unter den Hut zaubern. Nun nimmt der Zauberer den Hut, streicht murmelnd mit dem Zauberstab darüber und setzt dem betreffenden Kind, das die Kekse gegessen hat, den Hut auf den Kopf. Frage an das Publikum – die Kekse sind wieder „unter dem Hut".

Ei auf die Spitze stellen

Dazu werden zwei Hühnereier gebraucht. Eins davon wird präpariert: In die Spitze wird ein kleines Loch in die Schale gestochen und da hinein werden mehrere Schrotkörner geschoben. Danach wird das Loch mit ein wenig Gips verstrichen und so der Schwerpunkt in die Spitze verlegt. Die Schrotkörner werden sich an der untersten Stelle ansammeln und es ermöglichen, daß das Ei auf der Spitze stehen kann. Die Zuschauer werden aufgefordert, laut wie Hühner zu gackern, denn es wird ein Ei gebraucht. Und wahrhaftig, plötzlich hat der Zauberer ein Ei in der Hand. Er probiert mit dem Ei (am günstigsten ein gekochtes), es will nicht auf der Spitze stehen. Da fällt ihm ein – das Ei ist ja auch noch nicht richtig verzaubert. Wo ist denn der Zauberstab? Bei dieser Suche wird das Ei mit dem präparierten Ei aus der Tasche schnell vertauscht, was nun gründlich verzaubert wird. Jetzt gehorcht das Ei und steht brav auf der Spitze. Wer kann das beim Abendessen nachmachen?

Einen Baum wachsen lassen

Vor der Vorstellung wird aus grünem Kreppapier (etwa 1,20 bis 1,50 m lang und 15 cm breit) eine Rolle gerollt, die eine daumenbreite Öffnung hat und mit Klebepaste am Rand zusammengeklebt ist. „Aus diesem Stamm werde ich einen Baum zaubern", behauptet der Zauberer. Die Zuschauer zaubern mit, bei jedem Schnitt (es werden etwa 7 cm tiefe Streifen eingeschnitten) wird der Zauberspruch gesagt, und dann ist der Baum in der Lage, zu wachsen. (Vorher die Streifen nach außen biegen, in die innere Öffnung mit dem Zeigefinger hineinfassen, das Bäumchen herausziehen.) Bald steht ein fertiger Baum da, der dann einem besonders eifrigen Zuschauer als Anerkennung überreicht wird. Spaß gibt es, wenn das Bäumchen plötzlich nicht mehr wächst, weil der Zauberspruch zu laut oder zu leise gesagt wird. (Mit dieser Zauberei wird der Wunsch bei den Kindern geweckt, selbst solche Bäume herzustellen.)

Variante: Zwei oder drei geschickte Helfer könnten die gleichen Handlungen wie der Zauberer ausführen. Beim Herausziehen des Bäumchens muß man ihnen natürlich etwas helfen. Die Freude ist dann besonders groß, wenn das Bäumchen der Kinder größer „wächst" als das des Zauberers. Der Zauberer verspricht sich ständig bei seinem Zauberspruch, während die Kinder diesen richtig aufsagen.

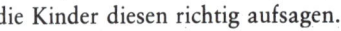
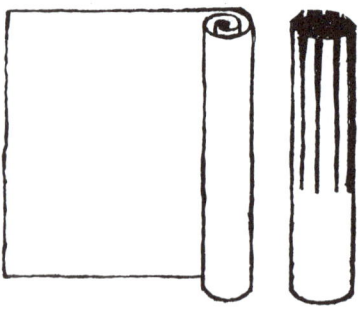

Eine zerrissene Zeitung wieder ganz machen

Man nehme zwei ganz gleich aussehende Zeitungen, klebe sie nur in der Mitte an einer Fläche von 3×3 cm aneinander, so daß die zwei gleichen Seiten (möglichst Titelblatt) jeweils außen sind. (Die innere Zeitung hat man vorher handtellergroß zusammengefaltet, die äußere etwas in Streifen gefalzt, damit sie sich gut zerreißen läßt.) So vorbereitet, tritt der Zauberer zeitunglesend zum Publikum, läßt aber die zusammengelegte und angeklebte Zeitung nicht sehen. Nun werden Witze, lustige Wetternachrichten, Geschehnisse, die Personen aus dem Publikum betreffen und andere haarsträubende Dinge aus der Zeitung vorgelesen. Man ärgert sich über eine dieser Nachrichten „so sehr", daß man die aufgeschlagene Zeitung wütend in einige Streifen zerreißt, diese auf dem Tisch zusammenknüllt und mit den Händen auf der zusammengefalteten Zeitung festdrückt, ja darauf herumtrommelt (so wird der Schnipselberg gut zusammengeballt, denn er darf später nicht herunterfallen). Dann tut einem das vorschnelle Handeln leid, etwas Wichtiges wurde vergessen zu lesen, und man zaubert die Zeitung wieder heil, indem man die innere zusammengefaltete Zeitung vor den Augen des staunenden Publikums entfaltet und weiterliest.

Das spurlos verschwundene Geldstück

Man bohrt in eine alte Münze ein Loch. Durch die Bohrung wird ein etwa 20 cm langes Stück Angelsehne gezogen und verknotet. Am anderen Ende der Sehne wird ein 10 cm langer Gummifaden befestigt. Eine Sicherheitsnadel hält das Ende des Gummifadens am Ärmelfutter in Höhe der Achselhöhle fest.
Die Sehne ist in der Hand kaum sichtbar, so daß die Münze von beiden Seiten gezeigt werden kann. Hierbei wird mit dem Daumen und Zeigefinger die Bohrung in der Münze verdeckt. Man bittet einen Helfer zu sich. Dieser muß eine Hand öffnen

und die Handfläche nach oben halten. Jetzt drückt man mit dem Geldstück stark auf die Handinnenfläche des Helfers und sagt ihm, daß er auf Kommando die Hand schließen soll. Es könnte etwa lauten: „Münze, mach dich frei, eins..., zwei... und drei." Dieser Spruch kann von allen gemeinsam gesprochen werden. Bei „und drei" läßt man die Münze los und zieht die Hand zurück. Sofort zeigt man seine eigene Hand leer vor. Die Hand des Helfers öffnet sich, die Münze ist verschwunden.

Ein Tuch legt Eier

Dazu braucht man ein schwarzes Tuch (35 cm × 35 cm), einen schwarzen Zwirnfaden, ein Holz- oder Plaste-Hühnerei, an dem eine Schraube mit Öse befestigt wird, einen Zylinder. Das Ei wird mittels Öse und Faden am Tuch befestigt. Vor der Vorführung liegt das Ei im Zylinder, das Tuch ist darüber gedeckt. Man zeigt den Kindern zunächst das schwarze Tuch von links und rechts, wobei Ei und Faden im Zylinder bleiben, dann deckt man das Tuch wieder über den Zylinder. Nun hebt man das Tuch so auf, daß das Ei hinter dem Tuch hängt, faltet das Tuch mit

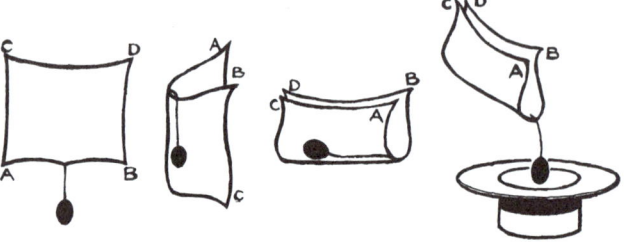

dem Ei zusammen (Zipfel A und B werden in der linken Hand zusammengebracht, und die rechte Hand nimmt die Zipfel C und D auf − Ei im Tuch) und zeigt den leeren Zylinder herum. Jetzt schüttelt man unter „abrakadabra" das Tuch aus, und die erstaunten Kinder sehen ein Ei in den Zylinder fallen.

Hierzu gibt es zwei Methoden
1.: Man hebt die rechte Hand, das Ei fällt in den Behälter.
2.: Man läßt A und B los und läßt so das Ei in den Behälter fallen.
Nun läßt man die Zipfel C und D los, nimmt den Zipfel B in die rechte Hand und zeigt so das Tuch vor. Das Tuch wird wieder zusammengelegt. Unter gemeinsamem Gackern wird wieder ein Ei aus dem Tuch gelegt. Der Vorgang kann noch drei- bis viermal wiederholt werden. Wenn die Stimmung ihren Höhepunkt erreicht hat, legt man das Tuch mit Ei zur Seite.
Ganz vorsichtig nimmt man den Behälter (Zylinder) auf. – Es sind ja frische Eier darin! – Diese will man den Kindern zeigen. Geht zu ihnen, kommt dabei ins Stolpern und dreht bei dieser Gelegenheit den Behälter um. – Es fallen keine Eier heraus. – Wenn man jetzt sagt: „Wir sind doch keine richtigen Hühner!", wird ein Gelächter dieses Kunststück abschließen.

Die Zauberzeichnung

Mit Zwiebelsaft und einer nichtkratzenden Feder zeichnen wir etwas auf weißes Papier und lassen es trocknen. Unter dem Einfluß von Wärme werden die Striche sichtbar. So kann weißes Papier Antworten „zaubern" auf Fragen, die wir ihm vorher gestellt haben. Man zeigt zuerst allen das weiße Papier, legt es auf die Heizung (nur möglich, wenn *sehr* heiß), fragt und zaubert inzwischen, bis die Zeichnung sichtbar wird, von der sich wiederum alle überzeugen können.

Wir zaubern farbiges Wasser

Eine Flasche gekochter Rotkrautsaft wird in verschiedene Gläser gegossen, die scheinbar mit etwas Wasser gefüllt sind. (Alaun, Essig, Salmiak, Zuckerwasser, Salzwasser – durch Säuren und Laugen werden die Farbstoffe umgesetzt.)

Der Zauberer und sein Lehrling

Der Zauberlehrling wird angelernt. Der Zauberer stellt seinen Gehilfen vor. Er muß erst angelernt werden, deshalb muß er alles nachahmen. Der Zauberer nimmt einen Teller in die Hand und gibt dem Gehilfen auch einen. (Der Teller des Gehilfen wurde schon vor Beginn des Spiels heimlich von unten über einer Kerzenflamme angerußt.)
Nun beschreibt der Zauberer mit seiner Hand geheimnisvolle Figuren in der Luft, die der Gehilfe nachahmt. Dann streicht er mit dem Zeigefinger über die Unterseite seines Tellers und macht danach verschiedene Zeichen in seinem Gesicht. Der Gehilfe, der die Augen schließen muß, tut dasselbe. Er malt sich, ohne es zu bemerken, einen „Bart", „dicke Augenbrauen" und sonstige schwarze Zeichen ins Gesicht. Dabei könnte auch der Spruch gesagt werden:
„Der Mond ist rund, der Mond ist rund,
er hat zwei Augen, Nas' und Mund."

Das verzauberte Pfeifchen

Der Zauberer zeigt ein Pfeifchen, läßt ein Kind pfeifen, pfeift selbst einmal darauf, um zu probieren, ob es in Ordnung ist. Der Zauberlehrling hängt dem Zauberer das Pfeifchen mit Hilfe eines Ringes an den Zauberstab, und nach gründlicher Verzauberung pfeift es wahrhaftig von allein.
Erklärung: Der Zauberer hat das zweite Pfeifchen im Ärmel verborgen, an welchem ein mit einem Gummischlauch versehener Druckball (Klistierspritze) befestigt ist, der in der Achselhöhle getragen wird. Ein für die Zuschauer unbemerkt ausgeübter Druck auf den Gummiball läßt das Pfeifchen ertönen.

Spaß gibt es, wenn dem Pfeifchen Fragen gestellt werden. Gibt es heute Abend Quarkspeise? Das Pfeifchen schweigt, aber bei der Frage nach Pudding, pfeift es. Weitere Fragen stellen eventuell die Kinder.

Der Zauberer kann gut riechen

In die Mitte des Zimmers werden drei oder vier Stühle gestellt Ein Kind setzt sich in der Abwesenheit des Zauberers auf einen Stuhl. Der Zauberer kommt ins Zimmer zurück und erklärt, daß er genau riechen könne, auf welchem Stuhl das Kind gesessen habe. (Vorher hat sich der Zauberer mit seinem Zauberlehrling verständigt.) Er riecht am ersten Stuhl. Dabei stellt er sich immer so, daß er den Zauberlehrling beobachten kann. Kommt er an den bestimmten Stuhl, schlägt der Zauberlehrling das eine Bein über das andere. Das ist das vereinbarte Zeichen, an dem der Zauberer erkennt, um welchen Stuhl es sich handelt. Nun kann der Zauberlehrling hinausgehen und zeigen, was er gelernt hat, und der Zauberer gibt ihm Hilfestellung.

Geldstück erraten

Mehrere nicht zu kleine Geldstücke liegen auf dem Tisch. Der Zauberer will durch seine Zauberkräfte herausfühlen, welches Geldstück einer der Zuschauer berührt hat. Der Zuschauer müsse aber das Geldstück längere Zeit in der Hand halten und ganz fest daran denken. Der Zauberer geht hinaus. Der Zauberlehrling gibt einem Zuschauer ein Geldstück, der es ganz fest in der Hand hält. Wenn der Zauberer nach zwei Minuten wieder hereinkommt, befühlt er alle Geldstücke und findet das richtige heraus.
Erklärung: Das Geldstück ist in der Hand warm geworden und kann daran erkannt werden.

Seife zaubern

Vor der Vorstellung reibt man sich die feuchten Hände so lange mit Seife ein, bis diese vollkommen trocken sind und nichts zu sehen ist. Einige Tropfen Wasser genügen, um diese zum Schäumen zu bringen. Der Zauberlehrling bringt einen Eimer, einen Krug mit Wasser, von dem er einige Tropfen über die Hände des Zauberers gießt, nachdem er vorher die Hände mit dem Zauberstab berührt hat. Er bringt auch das Handtuch und schafft die Utensilien wieder weg.

Zahlen erraten

Der Zauberer behauptet, er könne herausbekommen, was für eine Zahl im Zimmer genannt wird (nur bis 5), wenn er nicht anwesend ist. Er geht hinaus und hat sich vorher natürlich mit seinem Zauberlehrling verständigt. Die Kinder überlegen sich eine Zahl, und der Lehrling ruft ihn zurück. Nun muß er die Türe befühlen, den Zauberlehrling und den Zauberstab, und plötzlich weiß er die Zahl.
Erklärung: Wenn er die Wangen seines Lehrlings befühlt, macht dieser entsprechend der gemerkten Zahl Kaubewegungen, die sich unbemerkt erfühlen lassen.

Das verzauberte Wasserglas

Der Zauberer läßt sich ein randvoll gefülltes Trink- oder Wasserglas mit Wasser und eine befeuchtete Postkarte oder anderen rechteckig oder kreisrund zugeschnittenen Karton bringen. (Vorher ausprobieren!) Der Lehrling spricht den Zauberspruch, und der Zauberer drückt die feuchte Karte so fest auf die Öffnung des Glases, daß keine Luft zwischen dem Papier und dem Wasser vorhanden ist. Er drückt dann mit der Hand oder mit einem Teller das Papier fest an und dreht das Glas rasch um. Nun kann die Hand oder der Teller unbesorgt weggenommen werden. Das Papier bleibt unbeweglich am Glase hängen, und kein Tropfen Wasser läuft heraus. Als Beweis kann das Glas auch einem anderen Kind in die Hand gegeben werden oder von Hand zu Hand – nach unten gehalten – wandern. Bevor das Glas weitergegeben wird, muß schnell ein kurzer Zauberspruch gesagt werden: „Plitsch, platsch, plaus, es kommt kein Wasser 'raus." Zuletzt wird das Publikum gelobt, das so schön mitgezaubert hat.

Schnellbäckerei

Nachdem man seine Helfer lange genug beschäftigt hat, schreitet man zur Belohnung.
Ein Helfer wird mit einer Küchenschürze dekoriert, bekommt einen Kochhut oder eine andere lustige Kopfbedeckung aufgesetzt und ein Buch oder Heft in die Hand. Nun liest man selbst daraus vor: „Man nehme 100 g Vogelsand, 20 g Pfeffer, 10 g Salz, 20 g Zucker usw. und gebe dieses in einen tiefen Teller."
Ein tiefer Teller voll Vogelsand wurde von uns inzwischen herbeigeschafft. An jeder Textstelle lassen wir von unserem Helfer die genannten Zutaten dazugeben. Wir verrühren diese etwas und stülpen schließlich einen Teller darüber. Zur „Wärmeerzeugung" benutzen wir eine Taschenlampe, deren Strahl auf die Teller gerichtet ist. Der Oberteller wird wieder abgenommen – zum Vorschein kommen Kekse, die sofort an unsere Zuschauer verteilt werden.

Zubehör: Zwei tiefe und ein flacher Teller, alle drei mit gleichem Durchmesser. Die oben angeführten Zutaten, Kekse, Schürze und Hut sowie die Taschenlampe und das Rezeptbuch, gehören dazu.

Zur Vorführung: Vor dem Auftritt werden die Kekse in einen der tiefen Teller gelegt und mit dem flachen Teller (Unterseite nach oben) zugedeckt. Darauf klebt man eine Schicht Vogelsand (Sägespäne oder dergleichen), so daß es den Anschein hat, als sei nur der untere tiefe Teller vorhanden.

Den zweiten Teller stellt man gesondert auf den Tisch. Nun lassen wir von unserem Helfer die geringen Mengen an Zutaten in die Mitte des Tellerbodens schütten. Danach verrühren wir sie kräftig. Vorsichtig wird über den „fertigen Teig" der zweite tiefe Teller gesetzt. Er muß dabei ringsum dicht abschließend aufsitzen.

Der Strahl der Taschenlampe wird auf die Teller gerichtet, um „Wärme" zu erzeugen. Dann nimmt man den oberen tiefen Teller zusammen mit dem flachen Teller ab und stellt ihn zur Seite. Hierbei sollte man das Tellerpaar so halten, daß die Innenseite des flachen Tellers nicht zu sehen ist. Da unser Helfer den unteren Teller hält, werden die Blicke der Zuschauer sowieso darauf gezogen.

Zum Vorschein kommen die Kekse, die nun ausgeteilt werden können.

Kleine Zaubereien in fröhlicher Runde

Die Zaubertüte

Wir falten eine Zaubertüte aus einem Blatt im Format A 5. Die beiden kurzen Seiten falten wir aufeinander und erhalten einen Mittelbruch. Dann legen wir das Blatt wieder glatt hin und falten die vier Seiten zum Mittelbruch, so daß ein gefaltetes Viereck entsteht. Dann wird noch einmal Ecke auf Ecke gefaltet und die

innenliegenden offenen, sich gegenüberliegenden Seiten zu einer
Tüte ineinander geschoben. Diese Tüte hat zwei Öffnungen. Wir
legen eine Perle oder etwas anderes hinein, „zaubern" und
führen dabei Bewegungen mit der Tüte in der rechten Hand
aus, so daß sie gedreht wird. (Die Perle darf jedoch aus der

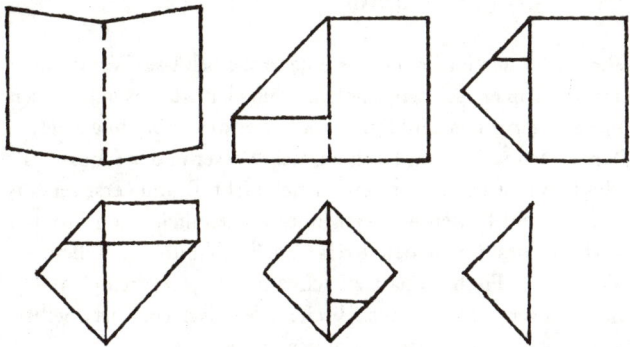

anderen Öffnung nicht herausfallen.) „Hokuspokus", noch
einmal die Tüte mit der Hand geschwenkt, und schon ist die Perle
wieder da. Nachdem wir so unser kleines Publikum verblüfft
haben, zaubern wir langsamer, lassen die Zaubertüte untersuchen. Dann falten wir mit den Kindern zusammen die Tüte, und
jeder kann mitzaubern.

Gehorsame Streichhölzer

Auf einem mit Wasser gefüllten Teller läßt der Zauberer Hölzer
(Streichhölzer ohne Kuppen) schwimmen. Er taucht das eine
Ende eines Strohhalmes ins Wasser und befiehlt: „Geht weg!"
Die Streichhölzer entfernen sich daraufhin vom Strohhalm. Wird
der Strohhalm mit dem Befehl „Kommt wieder!" eingetaucht, so
schwimmen die Hölzchen zum Strohhalm hin.
Erklärung: Ein Ende des Strohhalmes mit etwas Seife füllen –
wird dieses Ende eingetaucht, schwimmen die Hölzer weg. Dreht

man den Halm unauffällig herum (ins andere Ende wird Honig eingefüllt), kommen die Streichhölzer näher. (Seife ist oberflächenaktiv, Honig dagegen oberflächeninaktiv.)

Der Fisch mit Ölmotor

Wir setzen uns im Freien vor eine große Schüssel Wasser. Aus starkem Papier, das wir einölen, schneiden wir uns einen Fisch und bringen einen Einschnitt an, wie es die Abbildung zeigt.
Dann legen wir diesen Fisch auf das Wasser in der Schüssel. Er schwimmt zwar, aber er bewegt sich nicht. Er muß erst verzaubert werden! Lassen wir jetzt indessen heimlich einen Tropfen gewöhnliches Öl in den Kreis des Einschnittes a) fallen, so beginnt der Fisch lebhaft zu schwimmen. Jetzt treibt das Öl, indem es versucht, sich auszubreiten, den Fisch vorwärts. Selbstverständlich unter unserer Zauberformel:
„Schwimme, schwimme, schwimme weit, schwimme fort, jetzt wird es Zeit!"
Dieselbe Wirkung läßt sich auch mit einem Stäbchen oder einem Bleistift erzielen, indem wir hinten ein Stück ausschaben und Öl darauf tropfen.

Groschenscherze

Um unsere kleinen Zuschauer mit einem Scherz zu täuschen, drückt man sich zunächst einen Groschen an die Stirn, indem man den Kopf etwas zurückbiegt, dann runzelt man wiederholt die Stirn und bringt dadurch die Münze zum Abfallen. Hierauf bezweifelt man, daß andere in gleicher Weise das Geld von der Stirn bringen könnten. „Das ist leicht", werden die Kinder sagen. Einem Kind drückt man die Münze kräftig an die Stirn, nimmt sie aber auch verstohlen mit zurück, sobald man die

Hand zurückzieht. Das Kind wird das Gefühl haben, als sei die Münze noch an der Stirn, und sich durch lebhaftes Stirnrunzeln bemühen, das nicht vorhandene Geldstück herabfallen zu lassen, bis es sich schließlich von seinem Irrtum überzeugt.

Der Pfennig auf der Stirn: Man braucht zum Spiel ein Glas mit Wasser und einen Pfennig. Der Pfennig wird angefeuchtet und einem Kind auf die Stirn gedrückt. Jetzt wird von den anderen eine Frage gestellt, zum Beispiel: „Wie viele Male hast du dich nach dem Benutzen der Toilette nicht gewaschen?" Dann wird gezählt „1, 2, 3" usw. Das Kind mit dem Pfennig versucht indessen, über das Glas gebeugt, den Pfennig durch Stirnrunzeln in das Glas fallen zu lassen. Die Zahl, bei der der Pfennig fällt, ist die Antwort.

Bei Wiederholung des Spiels kann man variieren. Man drückt einem Kind den Pfennig nur zum Schein an die Stirn. Man nimmt ihn sofort wieder zurück, ohne daß es etwas davon merkt. Nun wird das Kind, zur großen Belustigung aller Mitspieler, sich lange vergeblich abmühen, den vermeintlichen Pfennig von der Stirn loszuwerden.

Groschen in eine Streichholzschachtel zaubern, ohne daß die Schachtel dabei beschädigt wird: Man nimmt eine leere Streichholzschachtel und drückt auf dem Boden ihrer Hülle ein kleines Stück Wachs oder Plastilin fest, schiebt die Schachtel halb heraus und klemmt zwischen Schachtelkante und Schachtelhülle einen Groschen. Die Münze darf von außen natürlich nicht zu sehen sein und muß so festsitzen, daß sie auch beim Schütteln der Schachtel nicht herausfällt (vorher den Trick ausprobieren). Diese so vorbereitete halboffene Schachtel wird den Zuschauern gezeigt.
Man nimmt einen zweiten Groschen und dreht ihn auf dem Tisch. Wenn die Münze umfällt, stellt man schnell die Schachtel darauf und schiebt sie im gleichen Moment zu. Ein kräftiger

Druck auf die Schachtel, und die Münze, die auf dem Tisch liegt, klebt am Boden der Streichholzschachtel. Unter „abrakadabra" hebt man dann die Schachtel hoch (Vorsicht, der Zuschauer darf den am Boden klebenden Zehner nicht sehen!) – die Münze ist vom Tisch verschwunden. Der durch das Zuschieben in die Schachtel hineingefallene Groschen wird nun den Zuschauern als der durchgedrungene Groschen gezeigt. Wenn man geschickt das Wachs mit dem anhaftenden Groschen entfernt, kann man die Schachtel den Zuschauern sogar in die Hand geben. Alle Kinder fragen verblüfft, wie wohl der Groschen in die Schachtel gelangte.

Lösung eines Knotens im Taschentuch

Wir nehmen ein glattes Taschentuch, fassen es an den beiden einander gegenüberliegenden Zipfeln (A und B), ziehen es nach Möglichkeit in die Länge, so daß es die abgebildete Form bekommt, und verschlingen die beiden Enden wie nachstehend:

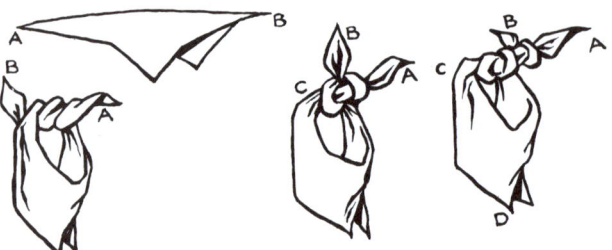

Nun verknoten wir die Enden A und B, und zwar so, daß B sich abermals um A schlingt. Ist das Taschentuch groß genug, so können mehrere Knoten geschlungen werden, jedoch stets in derselben Art. Zipfel A ist also immer passiv geblieben, während Zipfel B sich hat schlingen müssen (Abbildung).
Zu diesem Zweck ziehen wir nach jedem Knoten (unter dem Vorwand, ihn fester zu ziehen) mit der linken Hand bei C, mit

der rechten Hand bei A und ziehen diesen Teil des Taschentuches innerhalb des Knotens zu einer Waagerechten (siehe unsere Abbildung).
Wir legen nun mit der rechten Hand den Zipfel D über den Knoten, um zu verbergen, was jetzt geschieht. Dabei ziehen wir mit der linken Hand den Zipfel A in den Knoten zurück, so daß dieser nur noch lose zusammenhält. Durch Befühlen läßt man feststellen, daß der Knoten noch vorhanden ist, zieht dann das Ende vollends heraus oder streift den Knoten über dasselbe hinweg und ballt das Tuch fest zusammen.
Jetzt schüttelt man es aus, und zum Erstaunen der Zuschauer ist der festgefügte Knoten verschwunden.

Das Streichholz in der Serviette

Wir haben in den Saum einer Stoffserviette vorher ein Hölzchen eingeführt. Nun legen wir vor den Augen der Kinder ein Hölzchen in die aufgeschlagene Serviette, falten diese lose zusammen und lassen die Kinder noch einmal fühlen, ob das Streichholz noch da ist. Dann schieben wir den Stoff so zusammen, daß wir das Streichholz im Saum, über den wir die Serviette gefaltet haben, zu fassen kriegen, und ein Kind bricht es hörbar entzwei. Wir lassen noch einige Kinder fühlen, daß es zerbrochen ist. Nun „zaubern" wir es wieder ganz, öffnen die Serviette und lassen das unbeschädigte andere Hölzchen herausfallen.

Der Flaschenteufel

Manchmal können wir die kleinen gläsernen Flaschenteufel kaufen, die unten eine kleine Öffnung haben. Dadurch füllt sich der hohle, mit Luft gefüllte Glaskörper bei Druck auf das oben mit einer Schweinsblase oder Plaste zugebundene Einweckglas, in das wir den Flaschenteufel gesetzt haben, etwas mit Wasser und sinkt. Läßt der Druck nach, strömt das Wasser aus dem Inneren der Figur in das Gefäß zurück, und der Teufel „steigt" wieder nach oben. Mit verschieden großer Druckanwendung kann der „Taucher" sich verneigen, Pirouetten drehen, Kehrtwendungen vollführen, sich hinlegen und aufstehen.

Die zerschnittene Schnur

Man legt eine Schnur in der abgebildeten Form zusammen: Dann hält man sie dem Zauberlehrling hin und läßt sie durchschneiden. (Vgl. mittlere Abbildung!)
Die beiden Enden, die mit der rechten Hand gehalten wurden, läßt man herunterfallen; dann bittet man den Zauberlehrling, die beiden Enden, die aus der linken Fingerspitze herausgucken, zu verknoten.

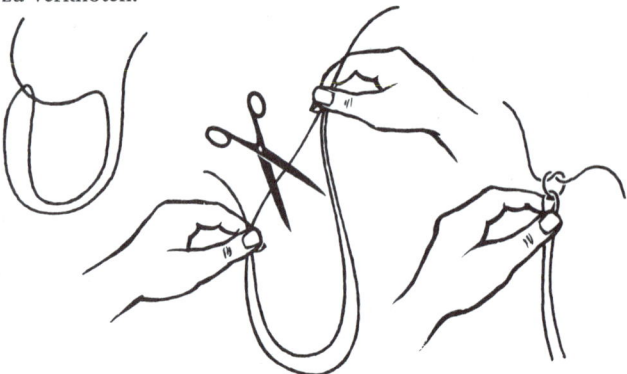

Die untere Schlinge liegt zwischen Daumen und Zeigefinger und ist nicht zu sehen (wir lassen sie nur hier der Deutlichkeit wegen sichtbar sein).
Man zieht nun die scheinbar in ihrer Mitte zerschnittene und zusammengeknotete Schnur straff, nimmt den Knoten in den Mund, läßt die Kinder „zaubern" und zieht die Schnur seitwärts aus dem Munde.

Sie sieht ganz unverletzt aus, der Knoten ist verschwunden, denn das kleine Schnurende, das den Knoten gebildet hat, ist im Mund geblieben. Dort muß es so lange bleiben, bis man es unauffällig beseitigen kann.

Rätselhafte Befreiung von einer Fessel

Ein mehrere Meter langes Band wird in der Mitte zusammengelegt und durch das Knopfloch einer Jacke gezogen. Damit entsteht eine kleine Öse; durch diese ziehen wir beide Bandenden.

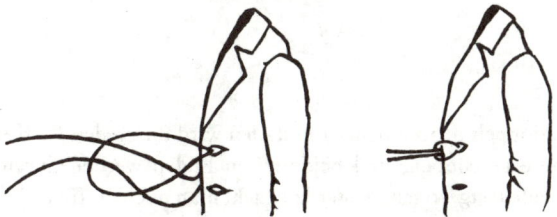

Die Verknotung, die sich hieraus ergibt, ist abgebildet. Augenscheinlich ist sie nicht anders zu lösen, als daß das Band auf dem Wege, den die Bandenden genommen haben, zurückgezogen wird. Man läßt nun einen Zuschauer diese festhalten und behauptet, daß man sich trotzdem von dieser Fessel befreien könne: Man begibt sich nämlich in ein Nebenzimmer und lehnt die Tür an; einen großen Teil des Bandes nimmt man mit hinein, das erregt weiter keinen Argwohn. Nun lockert man den Knoten und macht die Schlinge so weit, daß man selbst hindurchsteigen kann (man zieht dabei die erweiterte Schlinge vom Rücken aufwärts über den Kopf, dann das Band aus dem Knopfloch). So befreit begibt man sich wieder in das andere Zimmer, wo der Ahnungslose noch immer die Enden des Bandes festhält.
Ist die Schnur nicht lang genug, daß man selbst hindurchschlüpfen könnte, so zieht man die Jacke aus und läßt sie allein durch die Schlinge spazieren.

Scherzhafte Lösung derselben Aufgabe

Das eine Ende einer längeren Schnur steckt man durch das Knopfloch seiner Jacke und gibt dann beide Enden einem Zuschauer in die Hand.
Man behauptet nun, sich von dieser Fessel befreien zu können, ohne die Schnur zu zerschneiden oder das Knopfloch zu verletzen, obgleich die beiden Enden festgehalten werden.
Nach dieser vielversprechenden Ankündigung werden die Zuschauer aber ein Zauberstückchen erwarten! Doch was geschieht? Man zieht nur die Jacke aus!

Die befreite Schere

Ein doppelt genommener Bindfaden wird durch den Griff einer Schere geschoben, und beide freien Enden werden durch die Schleife festgezogen. Außerdem zieht man noch die freien Enden durch den anderen Scherengriff, bindet sie dann am Tischbein oder sonstwie fest (oder man behält sie in der Hand). Den Zuschauern wird nun die Aufgabe gestellt, die Schere vom Faden zu befreien, ohne letzteren zu beschädigen.

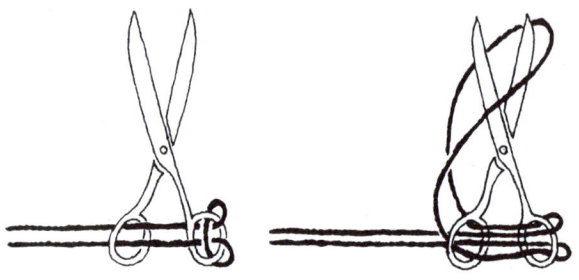

Lösung: Man zieht die Schleife durch den zweiten Scherengriff so lang heraus, daß sich die Schere hindurchstecken läßt, wodurch sie frei wird.

Einen Ring aus einem Faden herausspringen lassen

Die beiden Enden eines Bandes oder eines Fadens werden miteinander verknüpft. Das Band wird doppelt zusammengelegt und die Schleifen der Enden ineinandergesteckt, so daß sie sich etwas halten. Es kommt besonders darauf an, daß der Ring, den man über die verschlungene Stelle steckt, straff sitzt. Sind die Bänder zu dünn, so kann man statt des Ringes auch eine große Perle nehmen. Die verschlungene Stelle ist nicht zu bemerken,

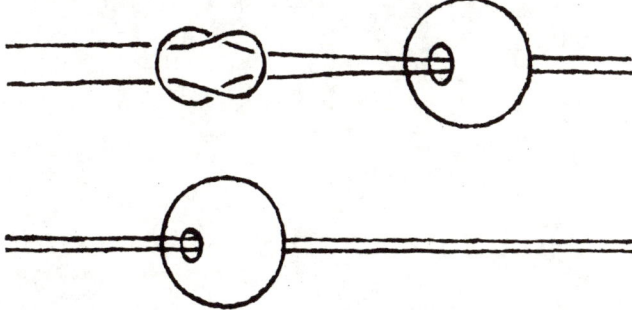

der Ring scheint auf dem doppelten Bande zu hängen. Der Zauberlehrling und der Zauberer können das Band mit einem kräftig ausgeführten Ruck auseinanderziehen, und niemand begreift, wie es zugeht, daß der Ring frei herausspringt und doch das Band unverletzt bleibt.

Spaß und Spiel gehören zusammen. Das Wort Spiel lenkt uns auf angenehmes Tun: Freiraum für Phantasie und eigene Ideen, für Bewegung, Tanz, Singen und Spaß. Eine besonders liebenswerte Variante aller möglichen Spiele ist das Theaterspiel, dem unser letzter Abschnitt gewidmet ist, Theater und Spaß gehören auch zusammen, ganz gleich, ob wir mit oder ohne Puppen spielen, im Clownskostüm oder in anderer Verkleidung.

Die alten Volksumzüge, zum Beispiel während der Erntezeit, waren Volksbelustigungen, der Spaßmacher trieb seine derben, aktuellen Späße und hatte das große Wort. Auf den Jahrmärkten erscholl neben der lustigen Drehorgelmusik das Rufen der Budenbesitzer, die in grotesken Kostümen einluden zu Varieté, Flohzirkus oder Hundeschau. Kinder suchen diese turbulente, bunte Welt, diese anspruchslose Insel der Fröhlichkeit.

Anspruchslos (was den materiellen Aufwand betrifft!) aber ideenreich sollten wir unser „kleines Theater" gestalten, Mut zum „Budenzauber" besitzen mit Um- und Ausräumen. Pedanterie und sterile Ordnung sind der Feind der Musen, und wir sollten uns nicht scheuen, einmal die „Bude auf den Kopf zu stellen"! Fröhlichkeit ist immer mit Sinneslust verbunden, also her mit Bonbonregen oder Würstelessen, mit Papierschlangen usw., es ist so leicht, etwas vom Sonntag in den Alltag zu holen.

Das Puppenspiel ist als Volkstheater immer schon Belustigung gewesen, und so gibt es eine Fülle von spaßigen Textvorlagen. Nur eine schmale Auswahl fand hier Platz. Praktiker aus Prag und Sofia haben uns kleine Spiele geschickt, manch ein Text entstand nach Prosa sowjetischer Kinderbuchautoren. Puppenspielautoren aus unserer Republik und Erzieherinnen aus den Kindergärten beteiligten sich mit aktuellem „Repertoire".

Nur ein Teil der Spiele ist in Dialogform gestaltet und auch für sie gilt: Improvisation ist erlaubt! Nur die gebundene Sprache zwingt zur wörtlichen Wiedergabe des Textes. Sonst dürfen die Spielvorlagen und Anregungen variiert, abgewandelt und mit Späßen aus dem Augenblick heraus für den jeweiligen Personenkreis zugeschnitten und bereichert werden.

Erheitern heißt auch überraschen. Das heißt: Nicht nur zu den bekannten, vorhandenen Handpuppen greifen, sondern Spielzeug, Naturmaterial, Küchengeräte, Luftballons oder Handschuhe usw. verwenden. Die Vorfreude beim Zeichnen und Basteln wird oft zum Hauptspaß.

Eine Überraschung besonderer Art ist es, einmal eine Leinwand zu spannen, eine Lichtquelle (Fotolampe, Bildwerfer) anzubringen und Handschattenspiel zu zeigen. Viele Tiere lassen sich, nur mit den Händen, formen und bewegen.

Im „kleinen Theater" hat die ganze große Welt Platz mit all ihren Talenten und Schöpfungen: Gefragt sind Musikanten und Sänger, Darsteller und Witzemacher, Dichter und Märchenerzähler, Puppenspieler, Clowns und Dompteure, Zeichner und Bastler, Dekorateure und Techniker. Vielseitigkeit ist Trumpf!

Handpuppenspiel

Wer einem andern eine Grube gräbt

Puppen: Kätzchen, Hündchen
Dekoration: Eine Hauswand mit geöffnetem Fenster, eine Hundehütte
Requisiten: Eine Harke mit langem Stiel, im Fenster ein großer Blumentopf
Beschreibung der Situation: Das Hündchen schläft, an die Mauer unter dem Fenster gekuschelt. Ab und zu wird es durch eine Fliege aus dem Schlaf geweckt. Im Fenster zeigt sich ein Kätzchen, das sorgfältig die Morgentoilette durchführt.
Es bemerkt den Schläfer unterm Fenster. Es miaut einige Male – immer kräftiger – um zu prüfen, wie fest der Hund schläft.
Als es zur Gewißheit wird, daß der Schläfer auf diese Weise nicht erwacht, nimmt es den Blumentopf in beide Pfötchen und schickt sich an, ihn auf das ahnungslose Hündchen hinunterzuwerfen.

Endlich entschließt es sich und wirft den Blumentopf –, aber dieser fällt auf das Unterteil der Harke. Der Stiel beschreibt einen Bogen und versetzt mit dem oberen Ende dem Kätzchen einen Schlag, das nach innen in den Raum „fällt". Das durch den Lärm erschreckte Hündchen springt auf, wundert sich schlaftrunken und schüttelt das Köpfchen. Es beschnuppert den Blumentopf, wedelt mit dem Schwänzchen und läuft weg.

Im Fenster zeigt sich das Kätzchen mit verbundenem Kopf, es miaut kläglich und hält den Verband mit den Pfötchen fest.

Der verdutzte Schläfer

Puppen: Ein Igel, ein Pilz mit einem Stiel
Dekoration: Ein Baumstumpf, daneben ein niedriger Pilz mit einem flachen Köpfchen
Requisiten: Ein großes Blatt
Beschreibung der Situation: Von weitem grollt ein Gewitter. Ein Igel mit einem Bündel kommt ermüdet an und betrachtet besorgt den Himmel. Er legt das Bündel auf den Pilzkopf, wie auf ein Tischchen, und lehnt sich bequem an den Baumstumpf. Nach einigem Hin- und Herdrehen beginnt er einzuschlummern.

Das Gewittergrollen verstärkt sich und wird von einem stärker werdenden Regen begleitet. Der Igel erwacht, blickt nach oben und probiert mit der Pfote, wie stark es regnet. Er ergreift auf der Erde (d. h. unter der Spielleiste) ein großes Blatt und deckt sich damit zu. Zufrieden schläft er weiter. Das Rauschen des Regens läßt allmählich nach... Der Pilz bewegt das Köpfchen, beginnt langsam „zu wachsen" und hebt dabei das Bündel des Igels mit in die Höhe.

Der Regen hört gänzlich auf, und der Igel erwacht. Er wickelt sich aus dem Blatt, reibt sich die Augen und beginnt, sich nach dem Bündel umzusehen. Je länger er sich umschaut, desto nervöser wird er. Wohin ist denn nur das Ding geraten, auf das ich vor dem Einschlafen das Bündel gelegt habe? Der Pilz beginnt inzwischen hin und her zu schwingen, bis es ihm gelingt, den unerwünschten Ballast vom Köpfchen abzuwerfen – dem Igel genau auf den Kopf. Dieser erschrickt, will entfliehen, dreht sich aber um und entdeckt unter dem Pilz das gesuchte Bündel. Der Pilz lacht und bringt sich „in Positur". Der Igel droht ihm, nimmt sein Bündel, brummt etwas und eilt von dannen...

Das haben sie übertrieben ...

Puppen: Ein Herr, der erste Hund, der zweite Hund
Requisiten: Ein Hut, ein anderer, in zwei Teile zerrissener Hut
Beschreibung der Situation: Ehe der eigentliche Auftritt beginnt, ist es erforderlich, daß bei den Zuschauern der Eindruck entsteht, als wehe ein starker Wind.
Es kommt der Herr mit Hut, den er mit der Hand festhält, damit der Wind ihn nicht davonträgt. Die Hunde laufen um die Füße des Herrn herum.
Plötzlich verstärkt sich der Wind (Toneffekt) und reißt dem Herrn den Hut vom Kopf. Schnell wird er über die ganze Szene hinweggerollt. Der Herr läuft hinter ihm her, aber auf halbem Wege hält er ein und gibt mit einer Geste den Hunden den Befehl, den Hut einzuholen. „Bring!" –
Beide Hunde verfolgen den Ausreißer mit Gebell. Plötzlich klatscht der Herr freudig in die Hände; unverkennbar hat er es gesehen, daß die Hunde das Ziel erreicht haben. Er pfeift und fordert sie zur Rückkehr auf.

Der erste Hund erscheint am Rande der Szene mit dem Hut zwischen den Zähnen. Kurz darauf kommt der zweite Hund und will sich des Hutes bemächtigen. Es kommt zu einer Rauferei.
Der Herr pfeift nach einer Weile erneut scharf und streckt gebieterisch den Arm aus. – „Zu mir!" – Die Hunde hören auf, sich zu raufen, und traben folgsam zu ihrem Herrn – jeder mit einem halben Hut in der Schnauze. Schuldbewußt „bauen" sie Männchen und winseln. Der Herr schüttelt nur den Kopf, besieht sich die Überreste des Hutes und wirft sie mit einem tiefen Seufzer weg ...

Wenn zwei sich streiten ...

Puppen: Der erste Kater, der zweite Kater, ein Vögelchen
Dekoration: Ein Baumstumpf im Mittelpunkt der Szene, auf der rechten und linken Seite Strauchwerk
Beschreibung der Situation: Auf den Baumstumpf fliegt ein Vögelchen. Es flattert ein Weilchen, und als es sich setzt, beginnt es leise zu singen.
Im Gebüsch rechts versteckt sich der 1. Kater, gierig streckt er sich und bereitet sich ganz deutlich zum Sprunge vor.
Kurz darauf pirscht sich hinter dem Gebüsch links der 2. Kater heran und verhält sich ähnlich.
Mit einem Male erblicken sich die Kater gegenseitig und geraten „in Harnisch". Der 1. Kater weist mit der Pfote auf den Vogel und macht dem Nebenbuhler deutlich, daß die Beute ihm gehört. Der 2. Kater schüttelt den Kopf und gibt durch eine Bewegung

der Pfote zu verstehen, daß er das Recht auf den Vogel hat. Zwischen den beiden Gegnern entwickelt sich ein heftiger Streit, später unterstützt durch laut vernehmliches Zischen und Miauen. Der Vogel hört auf zu trillern, horcht aufmerksam und achtet endlich auf die Gefahr. Er sitzt aber weiterhin auf dem Baumstumpf.

Die Kater bereiten sich – jeder auf seiner Seite – auf den Sprung vor. In diesem Augenblick, da beide gleichzeitig springen, fliegt der Vogel mit einem trillernden Abgang davon. Die Kater fallen mit den Vorderpfoten auf den Baumstumpf, ihre Köpfe prallen zusammen, daß es kracht (natürlich hinter den Kulissen). Die Rivalen setzen sich auf ihre Hinterteile und wackeln mit ihren angeschlagenen Köpfen. Ab und zu miaut der eine oder der andere schmerzlich.

Das erbärmliche Miauen erhält plötzlich eine drohende Färbung. Die Kater drohen sich gegenseitig und gehen schließlich aufeinander los.

Mitten im Kampf fliegt irgendwoher der Vogel, zieht über den Kämpfern eine Schleife und entfernt sich mit frohem Lied in die Höhe ...

Das kluge Hündchen

Puppen: Der erste Hund, der zweite Hund,
ein kleines Hündchen
Requisiten: Ein Knochen, ein alter Pantoffel
Beschreibung der Situation: Inmitten der Szene liegt ein großer
Knochen. Der erste Hund läuft herbei und beschnuppert ihn.
Kurz danach stürzt von der anderen Seite der zweite Hund
schnurgerade auf den Knochen zu.
Es beginnt ein gegenseitiges Herumstoßen der beiden Rivalen;
der Knochen bleibt an seinem Ort. In der entgegengesetzten Ecke
erscheint das kleine Hündchen, das unbeholfen mit einem Pantoffel spielt.
Während sich das Geplänkel der „Erwachsenen" verstärkt,
nähert sich das Hündchen, angelockt durch den Geruch, dem
Knochen. Es läßt den Pantoffel liegen, schaut sich aufmerksam
um, ergreift den Knochen und rennt mit ihm zurück –
und dann weg... Die Kämpfer „spielen sich"
allmählich wieder zurück in die Mitte des
Spielfeldes, beide erblicken gleichzeitig den
Pantoffel... Sie halten in der Rauferei inne
und schauen begriffsstutzig auf den zernagten
Pantoffel. Einer nach dem andern beschnuppert
ihn; sie „nehmen eine Kostprobe", aber
offensichtlich riecht er nicht gut. Es
lohnt sich nicht, wegen eines
solchen „Leckerbissens" miteinander zu streiten. Die
beiden Hunde versöhnen
sich wieder, geben sich
die Pfoten und verlassen
gemeinsam in der dem
kleinen Hündchen
entgegengesetzten
Richtung die Szene.

Freundschaftliche Hilfe

Puppen: Ein Äffchen, eine Schlange
Dekoration: Ein Baum
Requisiten: Eine rote Erdbeere
Beschreibung der Situation: Auf einem Baume ruhen sich das Äffchen und die Schlange aus, die sich um den Stamm gewickelt hat. Auf der Erde unterhalb des Baumes „wächst" eine große rote Erdbeere.
Das Äffchen macht ein kleines Schläfchen. Im Schlaf saugt es durch die Nase wonnevoll die Luft ein. Schließlich wird es durch den Duft der Erdbeere geweckt. Es sucht umher, erblickt schließlich die Erdbeere, reibt sich die Pfötchen, wedelt mit dem Schwanze und drückt den Appetit auf den so weit entfernten Leckerbissen aus. Es schickt sich an, nach ihm zu springen, aber immer halten es Angst und Bequemlichkeit davon ab.
Das Verhalten des Äffchens weckt die schlummernde Schlange. Diese beobachtet ein Weilchen ihren Nachbarn, und als sie dessen Unentschiedenheit bemerkt, macht sie durch ein freundschaftliches Bewegen des Schwanzes auf sich aufmerksam. Nach einem Weilchen stummer Zwiesprache kriecht die Schlange zum Äffchen. Sie legt das Ende ihres Schwanzes in dessen Pfötchen und schiebt sich langsam zur Erdbeere vor. Während der ganzen Zeit hält das Äffchen die Schlange mit sichtlicher Anstrengung am Schwanz fest.
Die Schlange erfaßt nach kurzer Anstrengung die Erdbeere am Stengel und gibt dem Äffchen mit dem Kopf ein Zeichen. Dieses holt tief Atem und zieht den langen Schlangenkörper zu sich empor. Die Schlange hält sich mit dem Schwanze am Stamm fest und hilft so dabei mit.
Das Äffchen, durch den ersehnten Leckerbissen befriedigt, streichelt den Freund, betrachtet sehnsüchtig die Beute und beschnuppert sie. Die Schlange nimmt die ursprüngliche bequeme Stellung ein. Das Äffchen bietet ihr an, von der Beere abzubeißen: „Na – hm?" Die Schlange schüttelt den Kopf.

Das Äffchen wendet sich vom Publikum ab, hebt beide Pfoten vor Entzücken zum Kopf hoch und läßt sich mit sichtbarem Behagen den mühsam mit Hilfe des Freundes erworbenen Leckerbissen schmecken...

Das naschhafte Hündchen

Puppen: Ein Hündchen, eine Hausfrau
Dekoration: Kulisse einer Hauswand mit geöffnetem Fenster
Requisiten: Ein Kranz Würste, ein Handtuch
Beschreibung der Situation: Im Fenster erscheint die Hausfrau mit einem Kranz Würste in der Hand. Sie schaut sich sorgfältig um, hängt die Würste auf den Fensterrahmen und verläßt langsam die Szene.
Nach einem kleinen Weilchen läuft das Hündchen, mit der Schnauze auf dem Boden schnüffelnd, auf den Schauplatz. Es läuft über die Szene und „wittert" plötzlich in Richtung zum Fenster.
Es läuft von der einen Seite auf die andere, setzt sich auf die Hinterpfoten, winselt und atmet laut vernehmlich den Duft der Würste ein. Dann versucht es, das so gut Duftende herunterzureißen. Es springt hoch, aber es gelingt ihm nicht, die Würste

zu erreichen. Endlich gelingt ihm der allerhöchste Sprung, aber anstelle der Würste reißt es nur das im Fenster aufgehängte Handtuch (oder Vorhang) ab und verwickelt sich ganz und gar darin. Es winselt erbärmlich. Die Hausfrau beugt sich aus dem Fenster und verfolgt mit den Augen unter Gelächter das in das Handtuch eingewickelte Hündchen. Gutmütig droht sie ihm und sagt: „Das ist dir nicht gelungen, nicht wahr?"
Das beschämte Hündchen zieht traurig von dannen, die Hausfrau nimmt die Würste ab und verschwindet wieder vom Fenster... (Bei Mangel an Puppen hängen die Würste bereits von Beginn an im Fenster. Dann endet der Auftritt mit dem unrühmlichen Abgang des im Handtuch verwickelten Hündchens.)

Wippe Wi...

Puppen: Ein Hündchen, ein Kätzchen
Dekoration: Eine Schwebebalkenschaukel für Kinder, irgendwo im Park
Beschreibung der Situation: Anfangs ist die Szene leer. Nach einem Weilchen kommt das Hündchen angehüpft, nimmt die Wippe wahr und beschnüffelt sie. Es winselt und ruft das Kätzchen herbei.
Als es die Spielkameradin erblickt, springt das Hündchen auf das eine Ende des Brettes der Wippe und lädt mit Gesten das Kätzchen ein, sich dazuzusetzen.
Das Kätzchen springt behende hinter das Hündchen und umfängt es von hinten mit den Pfötchen. Die Wippe bewegt sich verständlicherweise nicht, obwohl sich auf ihr die beiden Tiere immer heftiger bewegen.
Endlich „fällt der Groschen" beim Kätzchen, es springt auf die

andere Seite und fordert das Hündchen durch lebhafte Gesten auf, zu ihm hinüberzukommen.

Indem die Tiere wieder wie zuerst, nur in umgekehrter Reihenfolge, hintereinander Platz nehmen, senkt sich das hochstehende Brett der Wippe zur Erde. Die Szene wiederholt sich. Plötzlich schlägt sich das Kätzchen gegen die Stirn, springt von der Wippe herunter und läuft an das andere Ende, gegenüber dem Hündchen.

Das Hündchen schüttelt begriffsstutzig den Kopf. Das Kätzchen schätzt die Höhe ab und sitzt mit einem gewaltigen Sprung auf der Wippe, wodurch das Hündchen plötzlich in die Höhe „gehoben" wird, bis es zu wackeln anfängt (komische Situation, Balance).

Es beginnt ein fröhliches Schaukeln des kameradschaftlich miteinander spielenden Paares. Die Tiere winken mit einer Pfote zum Publikum.

„Wi – wi – wipp – wu – wu – wupp" singen sie zweistimmig miteinander.

Klugheit ist keine Hexerei

Puppen: Herr Igel, Frau Igel
Dekoration: Ein Apfelbaum mit Äpfeln
Requisiten: Ein großer Korb, eine Wippe, Äpfel
Beschreibung der Situation: Gevatter Igel erscheint. Er sieht den Apfelbaum, reibt sich freudig die Hände und ruft seine Frau herbei.
Gevatterin Igel eilt rücklings herbei, sie zieht einen großen Korb hinter sich her. Sie dreht sich um und klatscht vor Erstaunen in die Hände.
Beide Igel laufen um den Baum herum, aber sie wissen nicht, wie sie zu den Äpfeln gelangen können. Vergeblich schütteln sie den Apfelbaum.
Da bemerkt Gevatter Igel nicht weit entfernt eine Wippe. Er läuft zu ihr hin und fordert mit Gestikulieren die Gevatterin auf, ihm

zu Hilfe zu kommen. Gemeinsam ziehen sie die Wippe unter den Apfelbaum.

Der Gevatter Igel setzt sich auf den zur Erde geneigten Arm der Wippe. Die Frau kann nicht sofort seine stummen Befehle verstehen. Da sagt Gevatter Igel ärgerlich: „Spring!" Frau Igel versteht endlich und springt auf das andere Ende der Wippe. Der Gevatter kommt so an die Baumkrone heran und schlägt einen Apfel ab. Jetzt schwingt sich wieder die Gevatterin empor und schlägt einen Apfel ab. Die Igel lassen das Wippen sein, laufen über die Szene, rollen schnell die Äpfel auf einen Haufen und werfen sie in den Korb.

Die überraschten Helden

Puppen: Das erste Hühnchen, das zweite Hühnchen, ein Mäuschen
Dekoration: Ein Stück Holzzaun irgendwo in der Ecke des Hofes oder des Gartens, angedeutetes Gras

Beschreibung der Situation: Die Hühnchen laufen übermütig auf die Szene und suchen Körner auf der Erde. Hier und da piept das eine oder andere fröhlich.

Plötzlich entdeckt das eine Hühnchen am Zaun etwas Interessantes. Mit aufgeregtem Piepen ruft es das Schwesterchen herbei, das eilig angelaufen kommt. Beide Hühnchen schütteln verwundert ihr Köpfchen.

Endlich findet das zweite Hühnchen Mut, beugt das Köpfchen – und hält das Ende eines langen Wurmes im Schnäbelchen. Es zieht und zieht, aber es gelingt nicht, ihn heranzuziehen. Das erste Hühnchen faßt sich ein Herz, faßt den Wurm ebenfalls mit seinem Schnäbelchen und hilft ziehen. Beide Hühnchen strengen sich mächtig an.

Sie ziehen und ziehen, aber es gelingt ihnen nicht, den Wurm heranzuziehen... Das muß eine ungeheure Anstrengung sein; die Geschwister verschnaufen etwas. Dann verstärken sie ihre Anstrengungen, bis sich endlich das Übergewicht auf ihre Seite neigt. Der Wurm gibt nach, die Hühnchen ziehen triumphierend – aber plötzlich ziehen sie hinter dem Zaun das Schwänzchen eines piepsenden Mäuschens hervor!

Die Hühnchen erstarren vor Schreck – nichts Ähnliches haben sie bislang in ihrem Leben erblickt – aber sobald das Mäuschen erneut zu piepsen beginnt, lassen sie kopflos mit einem erschreckten Piepsen den vermeintlichen Wurm fahren.

Das Mäuschen blickt sich um, zieht das Schwänzchen zum Mäulchen, und kläglich piepsend bläst es „zärtlich" auf das Schwänzchen. Mit diesem im Arm huscht es schnell von der Bühne.

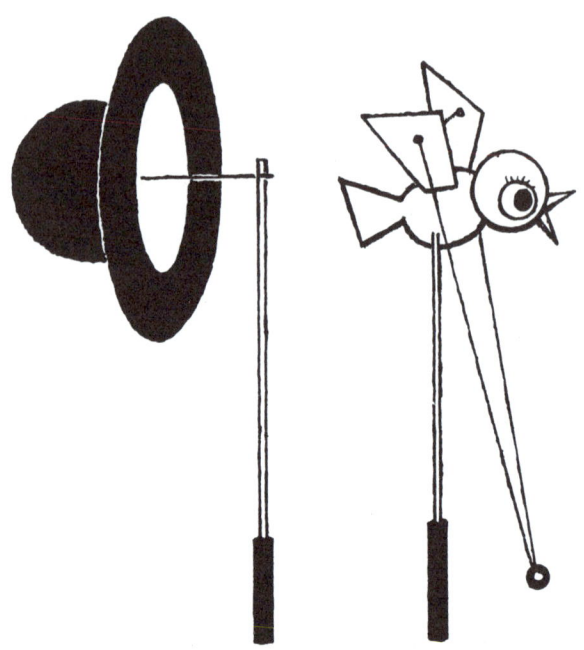

Bemerkungen zur Realisierung der einzelnen Spiele

Wer einem andern eine Grube gräbt: Die Bewegung des Harkenstieles steuern wir durch Dederonfäden, die an den äußersten Harkenzinken befestigt sind und unter der Spielleiste hängen.

Das haben sie übertrieben: Der durch den Wind vom Kopf der Puppe gerissene Hut fällt unter die Spielleiste. Hier wird er ausgetauscht durch einen „rollenden Hut", der an einem Führungsstab befestigt ist, der rechtwinklig gebogen ist. Das Ende des Führungsstabes bildet die Achse, die in einer ringförmigen Aussparung läuft, die in den Boden des Hutes eingeklebt wird (siehe Abbildung).

Der verdutzte Schläfer: Als Stiel des Pilzes dient ein hölzerner Stab mit kreisförmigem Querschnitt – genügend lang. Ihn schieben wir allmählich über die Spielleiste hinaus.

Die überraschten Helden: Wir schlagen Stoffpuppen vor. An das Ende des Mäuschenschwanzes nähen wir einen Haken an, den wir aus einer Sicherheitsnadel herstellen. Das Einfangen (und das Loslassen) des Mäuschenschwanzes führen wir unter der Spielleiste aus, wohin das Huhn das Köpfchen senkt. Den Haken stechen wir unter dem Schnabel des Huhnes ein.

Das naschhafte Hündchen: Es ist notwendig, das Fenster hoch anzulegen, damit das Hündchen nicht so leicht zu der in Aussicht genommenen Beute springen kann.

Wenn zwei sich streiten: Die Konstruktion der Figur des Vogels: Der Führungsdraht ist in seinem Körper befestigt. Die inneren Flügelseiten verbinden wir durch ein Gummiband, von den äußeren Flügelseiten führen wir ein Dederonband, das wir an einem Ring befestigen. Durch Herunterziehen und Nachlassen des Ringes führen wir die Bewegung der Flügel aus. (Siehe Abbildung.)

Das kluge Hündchen: Die Requisiten (Knochen und Pantoffel) sind wesentlich überdimensioniert.

Freundschaftliche Hilfe: Das Äffchen ist eine Marionette mit angenähten Hinterbeinen, die frei pendeln. An das Maul der Schlange nähen wir ein Auge aus Zwirn, durch das wir beim Spiel den Stiel der Erdbeere hindurchführen. Die Erdbeere stellen wir aus einem Ping-Pong-Ball her, ihren Stiel aus Draht. Je höher der Baum ist, desto größer ist die Möglichkeit für die Ausdehnung der Spielszene.

Wippe – Wi...: Wir wählen einen schwarzen Hintergrund und benutzen eine gleiche Wippe, wie im nachfolgenden Spiel.

Klugheit ist keine Hexerei: Die Höhe des Baumes wird bestimmt von der Größe der Puppe und von der Hubhöhe der Wippe. Auf die hintere Seite des Brettes der Wippe kleben wir schwarzen Samt, der den Führungsarm verdeckt. Wir spielen vor einem schwarzen Hintergrund. Die Äpfel stellen wir aus Ping-Pong-Bällen her. Die Bälle durchziehen wir mit Drähten, die wir zu Häkchen biegen, die zum Anhängen der Äpfel an den Ästen des Baumes dienen.

Kasper und sein Flocki!

Puppen: Kasper, Großmutter, Flocki
Spielgeräte: Päckchen, Decke

(Ein kleiner Hund springt auf die Spielleiste, bellt die Kinder an und verschwindet wieder. Dann kommt der Kasper mit einem kleinen Päckchen. Er begrüßt die Kinder.)
Kasper: Hört mal, wenn ich eine Verbeugung mache, dann müßt ihr auch eine machen. Also bitte noch einmal. Ich bin wohl hier in einem Kindergarten? Das hab ich mir schon gedacht. Wer von euch hat denn eben gebellt? Was sagt ihr? Ein Hund war da? Wie sah der Hund aus? Ich weiß, das war mein Flocki, der sucht mich. Wo mag er nur sein? *(Man hört bellen.)* Ich hole ihn. *(Kasper entfernt sich, man hört ihn rufen. Nach einer Weile kommt Flocki, bellt die Kinder wieder an und verschwindet.)*
Kasper (kommt): Der Flocki ist ein kleiner Strolch. Er will spielen, und ich soll ihn fangen. Aber ich muß doch erst das Päckchen zu meiner Großmutter bringen. Es kommt Besuch, und da hat sie das Päckchen nötig. *(Flocki kommt bellend an, rennt aber gleich wieder fort.)*
Kasper: Willst du stehen bleiben, du Schlingel. Komm sofort zu mir. *(Nun beginnt eine Jagd zwischen Kasper und Flocki, Kasper rennt hinter Flocki her, fängt ihn aber nicht.)*
Kasper: Solch ein Kerl, er reißt immer wieder aus. Kein Wunder, daß er schneller laufen kann, er hat ja auch vier Beine, und ich habe nur zwei. *(Das Päckchen legt er zur Seite, für die Kinder sichtbar.)* Ihr möchtet wohl gerne wissen, was in dem Päckchen ist? Ratet einmal! *(Die Kinder raten.)* Alles falsch! Nachher werde ich es euch zeigen. *(Man hört Flocki bellen.)* Ich lasse das Päckchen hier liegen, dann kann ich viel schneller laufen. Meine Arme sind frei. Paßt auf, gleich bringe ich den Flocki. *(Im Abgehen ruft er nach Flocki.)*
Flocki: *(Kommt wieder, schnuppert umher, gerät an das Päckchen, betrachtet es von allen Seiten, schnuppert und trägt es*

fort. Es ist anzunehmen, daß die Kinder nach dem Kasper rufen, der dann allein zurückkommt. Auch wenn die Kinder nicht rufen, kommt er.)

Kasper: Was ist denn los? Warum schreit ihr? Der Flocki hat mein Päckchen mitgenommen? Pssst, ... ruhig ... der Flocki darf nicht hören, daß ihr mir das erzählt. Wir müssen ganz leise sein *(flüstert)*. Ob er damit zur Großmutter gelaufen ist? Vielleicht! Ich will euch verraten, was in dem Päckchen ist. Pssssst ..... ganz leise, damit es der Flocki nicht hört. Der ist ja so neugierig. Eine schöne bunte Tischdecke. Die war ganz schmutzig geworden, die Großmutter brachte sie zur Reinigung, und heute holte ich sie wieder, weil die Großmutter heute Gäste hat. Hoffentlich läßt der Flocki das Päckchen nicht fallen, dann wird die Decke wieder schmutzig, und die Großmutter wäre traurig, weil sie nur die eine Decke hat. Pssst ... ganz ruhig ... ich schleiche einmal durch den ganzen Kindergarten, vielleicht hat sich der Flocki nur versteckt. Pssst ..., ganz ruhig ... (schleicht sich davon).

Großmutter (kommt): Da schicke ich nun den Kasper zur Reinigung, er soll mir meine schöne bunte Tischdecke holen, aber weit und breit ist nichts vom Kasper zu sehen. Der Flocki ist auch nicht da, sonst müßte er den Kasper suchen.

(*Die Kinder werden alles erzählen. Großmutter hört zu.*) Sollte man das für möglich halten!
Großmutter: Der Kasper und der Flocki haben nur immer Dummheiten im Kopf. Es ist am besten, wenn man alles selber macht. Wo mögen sie nur sein? Ich werde einmal die ganze Gegend absuchen. Wenn meine Gäste kommen, muß ich doch meine schöne bunte Tischdecke haben. Die sagen sonst noch, die Großmutter vom Kasper hat nicht einmal eine Tischdecke. Vielleicht sind beide auch nach Hause gegangen. Wir werden ja sehen (*entfernt sich*).
Flocki: (*Kommt leise und legt das Päckchen wieder an die alte Stelle. Ohne zu bellen, entfernt er sich. Die Kinder werden nach dem Kasper rufen.*)
Kasper (*kommt*): Wirklich — da liegt ja das Päckchen wieder (*nimmt es*). Hoffentlich ist die Decke noch sauber. Ich werde daheim nachsehen. (*Die Kinder werden drängeln, das Päckchen zu öffnen.*) Ihr wollt die Decke sehen? Seid ihr aber neugierig. Warum wollt ihr denn die Decke sehen? Ich habe euch doch schon gesagt, daß sie bunt ist. Soll ich sie wirklich auspacken? Da muß ja die Großmutter noch länger warten. Gut, packen wir aus! (*Nun wird die Decke umständlich ausgepackt, gezeigt und bewundert.*) Seht mal, Kinder, die schönen Farben. Was sind das für Farben? (*Die Kinder antworten.*) Stimmt genau! (*Kasper breitet die Decke auf der Leiste aus.*) Gefällt sie euch? Hat eure Mutti auch eine solch schöne bunte Decke? (*Man hört Flocki bellen.*) Der Flocki! (*Ruft.*) Flocki, komm einmal her! (*Flocki kommt nicht.*) Wenn du nicht kommst, dann gebe ich dir heute Abend keine Wurst. (*Flocki kommt bellend an.*) Flocki, jetzt haben wir beide lange genug gespielt. (*Flocki betrachtet die Decke und gibt Töne des Entzückens von sich.*) Gefällt dir, ja? Ist wieder schön sauber. Denk an, die Großmutter war schon da und hat uns gesucht. Nun packen wir die Decke ein und dann gehen wir schnell nach Hause. (*Man hört Großmutters Stimme, sie ruft nach dem Kasper.*) Hör mal, Flocki, die Großmutter sucht uns noch. Wir machen jetzt einen Spaß. Setz dich in die Ecke

(*geschieht*). Ich decke dich zu. (*Flocki wird mit der bunten Decke zugedeckt.*) Und nun bleibst du ganz ruhig sitzen. Du darfst dich nicht bewegen. Ich werde mich verstecken und aufpassen, was die Großmutter für ein Gesicht macht (*entfernt sich*).
Großmutter (*kommt*): Daheim waren sie auch nicht. (*Sieht die Decke.*) Da liegt ja meine schöne bunte Decke! (*Flocki bewegt sich.*) Nanu, die Decke ist ja lebendig! Wie geht das denn zu? Ach was, Angst hab ich nicht! Eine Großmutter hat niemals Angst. (*Nimmt die Decke, und Flocki bellt freudig.*)
Ich konnte mir schon denken, daß ihr beide wieder gespielt habt. (*Kasper kommt, freudige Begrüßung. Die Großmutter bekommt die Decke umgehängt. Kasper trägt einen Zipfel. Alle verabschieden sich von den Kindern und gehen singend ab.*)

Die Geburtstagsüberraschung

Puppen: Meister Petz, der Bär
Gockel Frühauf, der Hahn
Bello Wachgut, der Hund
Bühnenbild: Hundehütte
Ein dicker Baum, daneben eine Höhle,
die Wohnung von Meister Petz
Requisiten: Ein großer Topf mit der Aufschrift „Honig", ein Blumenstrauß

(*Auf der rechten Seite die Hundehütte. Der Hund sitzt davor oder geht – wachsam – auf und ab. Von links kommt Gockel Frühauf.*)
Gockel (*kräht*): Kikeriki! Kikeriki! Kikeriki!
Bello (*bellt*): Wau, wau! Wau, wau! Einen schönen Guten Morgen, lieber Gockel!
Gockel: Guten Morgen, Bello! Guten Morgen! Und hoffentlich auch einen guten Tag!
Bello (*bellt*): Wau! Wird schon gut werden, der neue Tag! Wau!

Gockel: Gibt's was Neues, Bello?
Bello: Die Nacht war ruhig.
Gockel: Und der Tag wird schön warm. Das richtige Wetter für die Ernte.
Bello: Das soll uns nur recht sein. Wenn es nur nicht regnet!
Gockel: Heute bestimmt nicht! Mein Freund, der Wetterhahn, hat Trockenheit angesagt, bis übermorgen Abend.
Bello: Dann kann ich mich getrost zur Ruhe legen. Du übernimmst wohl wieder für den Tag die Geschäfte des Hofes, lieber Gockel?
Gockel: Wie vereinbart, Bello! – Will nur schnell mein Hühnervolk wecken und dem Hahn von nebenan Guten Morgen sagen (geht ab).
(*Nachdem Bello erneut vor seiner Hundehütte eine Weile hin- und herspaziert ist, kommt Gockel aufgeregt zurück.*)
Gockel (*kräht aufgeregt*): Kikeriki! Kikeriki! Etwas ganz Wichtiges! Kikeriki! Kikeriki! Etwas ganz Wichtiges!

Bello: Was ist los, Gockel?
Gockel: Stell dir vor, Bello, bald hätten wir es vergessen. Meister Petz hat heute Geburtstag.
Bello: Was du nicht sagst?!
Gockel (äfft ihn nach): Was du nicht sagst! – Der Hahn von nebenan hat es mir gerade erzählt.
Bello: Und wir hätten es fast vergessen. Dabei ist er unser guter Freund!
Gockel: Natürlich! Alle im Dorf kennen ihn.
Bello: Aber was ist nun zu tun?
Gockel: Was zu tun ist! – Wir müssen ihm gratulieren!
Bello: Dann ist es wohl für heute mit meinem Schlaf vorbei!
Gockel: Aber, Bello, wenn es doch um einen guten Freund geht!
Bello: Hast schon recht, Gockel! – Wollen wir gleich gehen?
Gockel (vorwurfsvoll): Erst müssen wir überlegen, was wir ihm mitnehmen.
Bello: Richtig! Ein kleines Geschenk nimmt man schon mit zum Geburtstag.
Gockel: Na also, Bello! Aber, was wollen wir ihm schenken?
(Beide überlegen.)
Gockel: Worüber würde er sich wohl freuen?
Bello: Also, wenn ich Geburtstag habe, dann wünsch' ich mir einen soooo großen Knochen!
Gockel: Und ich würde mich über viele, viele Körner freuen. Wo ich sie doch so gern aufpicke!
Bello: Aber das ist nichts für Meister Petz!
Gockel: Ein paar Blumen könnt' ich schon besorgen. Aber damit allein ist's noch nicht getan.
(Beide überlegen weiter.)
Gockel (murmelt vor sich hin): Knochen und Körner! Knochen und Körner! *(Dann plötzlich laut zu Bello.)* Halt, Bello, ich hab's. Los, komm her!
Bello: (Geht auf ihn zu.)
Gockel: (Sagt ihm etwas ins Ohr.)

Bello: Ob das wohl etwas für Meister Petz ist?
Gockel: Ja, doch, Bello! Denk doch dran: Knochen für dich und Körner für mich ...
Bello (freudig): ... und für Meister Petz ...
Gockel (unterbricht ihn): Psst, Bello! Das soll doch eine Überraschung werden.
Bello (freut sich): Fein, Gockel, eine Überraschung, eine richtige Geburtstagsüberraschung!
(*Der Vorhang wird zugezogen.*)

(*Das zweite Bild zeigt die Höhle von Meister Petz neben einem Baum. Meister Petz kommt verstört und unruhig vor die Höhle und brummt.*)
Petz: Nein, so etwas, nein! Ausgerechnet heute habe ich keinen Honig bekommen. Wo ich doch Geburtstag habe und einen schönen Honigkuchen backen wollte. (*Zu den Zuschauern.*) Ach, Honigkuchen, das ist eine feine Sache. Wie gut der schmeckt. (*Er wird noch trauriger.*) Ausgerechnet heute ... wo ich doch Geburtstag habe (*während der letzten Worte geht er betrübt und traurig wieder in seine Höhle zurück*).
(*Bald kommt Petz wieder heraus.*)
Petz: Ob wohl meine Freunde aus dem Dorf, der Bello und der Gockel, an mich denken?
(*Die Kinder werden ihm erzählen, daß die beiden eine Überraschung vorbereiten.*)
Petz: Sie haben also meinen Geburtstag nicht vergessen und wollen mich sogar besuchen kommen.
Und nicht mal einen Honigkuchen hab' ich backen können (*wieder sehr traurig*). Und Blumen wollen sie mitbringen? ... Und sogar eine Überraschung haben sie für mich? ... O weh! Nichts hab' ich für sie, keinen Honigkuchen! ... Am besten, ich tu' so, als ob ich gar nicht zu Hause bin. ... Ja, ich verstecke mich in meiner Höhle! (*Er geht wieder in seine Höhle hinein.*)
(*Bald danach kommen Gockel mit einem Blumenstrauß und Bello mit einem großen Topf.*)

Gockel: Still, Bello, und laß den Topf nicht fallen!
Bello: Wo denkst du hin, Gockel. Unsere schöne Überraschung! Bin doch selbst zu den Bienen gegangen, um sie um Honig für unseren Freund zu bitten.
Gockel: Schon gut, Bello! Im übrigen: Wir sind da!
Bello: Aber es ist weit und breit nichts zu hören.
Gockel: Ob Meister Petz gar nicht zu Hause ist?
(Jetzt werden die Kinder erzählen, daß sich der Bär versteckt hat.)
Gockel: So ist das also!
Bello: (Will auf die Höhle zustürmen.)
Gockel: Halt, Bello! Das machen wir ganz anders! Wir bleiben vor der Höhle stehen und rufen ihn heraus.
Bello (will laut rufen): Mei ....
Gockel (*unterbricht ihn schnell*): Aber so doch nicht! Paß auf:

Die Kinder und wir rufen „Wir gratulieren zum Geburtstag"!
Bello: Au fein, also los!
Gockel: Eins ... zwei ... drei!
(*Die Kinder, Gockel und Bello rufen; einmal, zweimal und schließlich auch noch ein drittes Mal. Erst dann kommt Meister Petz langsam hervor.*)
Petz: Nein, so etwas. Daß ihr an mich gedacht habt!
Gockel: Aber wir werden doch unseren besten Freund nicht vergessen! (*Überreicht ihm die Blumen.*)
Petz (*verlegen*): Schön ... und herzlichen Dank auch ... aber das ist nämlich so ... eigentlich wollte ich einen Honigkuchen backen ... aber ...
Bello (*unterbricht Meister Petz*): Schon gut, Meister Petz. (*Er setzt den großen Topf Meister Petz genau vor die Nase.*) Sicher hast du keinen Honig bekommen ... und da haben wir ...
Petz (*schaut in den Topf hinein – ungläubig, erstaunt und erfreut*): Einen ganzen Topf voll Honig???
Bello: Ja, Meister Petz, einen ganzen Topf voll!
Gockel: Für dich, zum Geburtstag.
Petz (*weiß nicht, was er sagen soll*): Nein, das ist doch ...? (*dann plötzlich*) Also, ihr Lieben, dann backen wir gleich einen Honigkuchen. Kommt alle mit in meine Höhle!
Gockel (*zu Bello*): Na, das war aber eine schöne Geburtstagsüberraschung!
(*Meister Petz geht voran, Gockel und Bello folgen ihm.*)

Wer ist der Dieb?

Puppen: Tipp und Topp, zwei aufgeweckte Jungen, nicht frech, aber oft vorlaut
Tapp, der Dritte im Bunde, jünger als Tipp und Topp
Elster
Requisiten: Harke, Fernrohr, Fotoapparat, ein kleines Körbchen, drei Gabeln (oder drei Löffel), ein großes Foto

Bühnenbild: (Im Garten der drei Jungen. Rechts und links je ein kleiner Busch. Im Hintergrund – nicht genau in der Mitte – ein Baum, der so breit sein muß, daß im Verlaufe des Spiels die Elster hinter dem Stamm versteckt sein und vom Baum herabschauen kann.)

Erste Szene
(*Tipp und Topp kommen von links hereinmarschiert und singen.*)
Tipp (trägt das Fernrohr): Ich bin Tipp ...
Topp (hat den Fotoapparat umgehängt): ... und ich bin Topp!
Tipp: Und das ist unser Garten!
Topp: Ich bin Topp ...
Tipp: ... und ich bin Tipp!
Topp: Auf Tapp heißt's wieder warten! (*Beide drehen sich um und schauen zurück.*)
Topp (hebt das Fernrohr an und schaut hindurch, hält es aber verkehrt herum): Ich sehe ihn, ich sehe ihn! – Ist der aber noch weit weg.
Tipp: Kein Wunder. Hältst ja das Fernrohr verkehrt!

Topp: Tatsächlich (*Will es herumdrehen.*)
Tipp: Laß mich mal machen.
Topp (*schaut weiter durch das Fernrohr und will es nicht hergeben*).
Tipp: Gib schon her!
Topp (*will es ihm geben.*)
Tipp: Halt mal! Ich schau durch.
Topp (*hält das Fernrohr*).
Tipp (*schaut hindurch*): Etwas höher ... noch höher ... zuviel ... mal etwas nach rechts ... nach links ...
Topp (*dreht das Fernrohr jeweils in der angegebenen Richtung*).
(*Inzwischen kommt Tapp schwer keuchend und langsam von links. Er geht rückwärts, trägt die Harke und zieht das Körbchen hinter sich her. Das Fernrohr jedoch wird viel zu hoch gehalten, so daß ihn Tipp nicht sehen kann. Topp wendet ihm den Rücken zu. Tapp kommt immer näher, bemerkt beide, läßt das Körbchen stehen, legt die Harke zur Seite und schaut beide neugierig an.*)
Tapp (*klopft Topp auf die Schuler*).
Topp (*dreht sich um*): Da ist er ja!
Tapp: Laßt ihr mich auch mal sehen?
Tipp (*läßt das Fernrohr los, so daß es Topp allein zur Seite legen muß*): Nun schaut euch unseren Kleinen an. Erst kommt er zu spät, und jetzt will er durch das Fernrohr schauen. Kannst es ja gar nicht allein halten, Tapp.
Tapp: Immer darf ich nicht ... (*Dreht sich traurig ab.*)
Topp: Sei froh, daß wir dich mitgenommen haben.
Tipp: Und stell den Korb hinter den Busch. – Was gibt's denn überhaupt?
Tapp (*zieht den Korb hinter den Busch*).
Topp: Mal sehen. (*Geht hinter den Busch, um in den Korb hineinzuschauen.*) Mmmh! Kartoffelsalat und Würstchen. Da möcht' ich am liebsten gleich ...
Tipp (*unterbricht ihn*): Nichts davon! Wir sind ja schließlich

nicht nur zum Essen in den Garten gekommen. Nimm die Harke!
Da drüben ist noch ein Beet anzulegen.
Topp (nimmt die Harke und geht nach rechts ab).
Tapp: Laßt ihr mich auch helfen?
Tipp (lacht): Willst wohl ins Mauseloch fallen?
Was kannst du schon helfen? *(Geht auch nach rechts ab.)*
Tipp (kommt nochmals zurück): Hier, halt wenigstens den
Fotoapparat. Aber spiel nicht damit! *(Geht wieder ab.)*
Tapp (schaut beiden traurig nach).
*(Hinter dem Baum schaut vorsichtig die Elster hervor. Während
Tapp noch traurig Tipp und Topp nachschaut, flattert sie hastig
zum Busch. Gleich danach kommt sie mit einer blitzenden Gabel
zurück. Schnell verschwindet sie wieder hinter dem Baum.)*

Zweite Szene
Tapp (steht gelangweilt am rechten Busch).
Tipp (noch nicht sichtbar): Mittagspause!!! *(Kommt von rechts.)*
Topp (kommt ebenfalls von rechts): Endlich! Ich hab' schon
einen großen Appetit auf die Bockwurst. *(Geht hinter den linken
Busch, um das Essen aus dem Korb herauszunehmen.)* He, was
soll das? Sind wir nicht drei?
Tipp: Natürlich, und ...?
Topp: Aber ich find' nur zwei Gabeln. Tapp!!!
Tapp: Ich hab' aber drei Gabeln eingepackt.
Tipp: Kannst du überhaupt schon bis drei zählen?
Tapp: Bitteschön: eins – zwei – drei!
Topp: Als ob davon die dritte Gabel zum Vorschein kommt. –
Vielleicht hast du sie verloren?
*Während sich die drei Jungen noch immer in der Nähe des
rechten Busches unterhalten, schaut erneut die Elster sehr vor-
sichtig hinter dem Baum hervor. Wieder flattert sie schnell zum
linken Busch, um sich die zweite Gabel zu holen. Sofort ist sie
wieder hinter dem Baum verschwunden.)*
Tapp: Oder vielleicht hat sie jemand gestohlen?

Topp: Wer soll hier schon eine Gabel stehlen?
Weit und breit ist niemand zu sehen. *(Geht wieder auf den Busch zu.)* Ich schau' noch mal nach. *(Inzwischen ist er hinter dem Busch.)* Nun hört doch aber alles auf! *(Kommt schnell wieder hervor.)* Nur noch eine Gabel ist da!
Tipp (stürmt hinter den Busch).
Tapp (etwas langsamer hinterher).
Tipp (nachdem er wieder hervorgekommen ist): Also doch gestohlen! — Sehr interessant — *(Denkt nach.)* Los, Topp, du gehst nach links, ich suche rechts. Weit kann der Dieb noch nicht sein.
Tapp: Und ich?
Tipp: Ach du, mach, was du willst!
(Tipp und Topp gehen schnell nach links und rechts ab.)
Tapp (allein): Und ich gehe auch, den Dieb fangen!
(Nachdenklich.) Aber, wohin soll ich nur gehen?
Und was tue ich, wenn ich ihn gefunden habe? — Vielleicht bleib' ich doch lieber hier? —
(Während er überlegt, erinnert er sich an den Fotoapparat, den er noch immer umgehängt hat.)
Ich hab's! Ich verstecke mich hier hinter diesem Busch. Und wenn der Dieb wiederkommt, dann fotografiere ich ihn. Und mit dem Foto gehen wir dann zur Polizei! *(Er versteckt sich hinter dem rechten Busch so, daß man nur den Fotoapparat und ein kleines Stückchen seines Kopfes sieht.)*
(Nach einer kleinen Weile kommt wieder die Elster hervor, nachdem sie sich davon überzeugt hat, daß niemand im Garten ist. Sie flattert zum linken Busch und kommt sofort mit der dritten Gabel zurück. Schnell verschwindet sie hinter dem Busch. Tapp hat hinter dem rechten Busch alles genau verfolgt und die Elster fotografiert. Dann kommt er hervor.)
Tapp: Nein, das ist eine Überraschung. Da werden Tipp und Topp aber Augen machen. *(Geht nach links und dann nach rechts, um Tipp und Topp zu rufen.)* Tooooopp! — Tiiiiipp!
(Tipp und Topp kommen aufgeregt zurück.)

Tipp: Was gibt's denn, Kleiner?
Topp: Warum rufst du uns, Tapp?
Tapp: Ich hab' den Dieb!
Tipp (ungläubig): Du hast den Dieb?
Tapp: Ja, und er hat sogar noch die dritte Gabel gestohlen!
Topp: Red keinen Unsinn. Du und einen Dieb fangen!
Tipp (hämisch): Wo hat denn der Kleine den Dieb?
Tapp: Hier *(zeigt auf den Fotoapparat)*, im Fotoapparat!
Tipp (ärgerlich): Dummkopf!
Tapp: Selber einer!
Topp: Beweise!
Tapp (zieht das Foto hervor): Bitte! *(Tipp und Topp schauen erstaunt das Foto an.)*
Tapp: Fotografiert mit deinem Apparat!
Tipp (ungläubig): Mit meinem ...
Tapp: Mit deinem Wunderfotoapparat, mit dem man gleich fertige Fotos machen kann!
Topp: Allerhand! Eine Elster also!
Tipp: So ein Räuber! Na warte!
Topp: Schnell, ich hole das Fernrohr! *(Holt das Fernrohr.)*
(Tipp, Topp und Tapp bemühen sich um das Fernrohr und suchen die ganze Gegend nach der Elster ab. Schließlich richten sie das Fernrohr auf den Baum und finden das Nest der Elster.)
Tipp: Hurra! Ich hab's!
Topp: Laß mal sehen! *(Schaut durch das Fernrohr.)*
Tapp: Darf ich auch mal?

Tipp: Na klar, Kleiner. Hast doch den Dieb entdeckt!
Tapp (schaut durch das Fernrohr): Alle drei Gabeln hat die Räuberin mitgenommen. Ich kann sie genau sehen.
Topp: Wie bekommen wir sie herunter?
Tipp: Wir müssen der Elster richtig Angst einjagen.
Topp: Aber wie?
Tapp: Wir springen und tanzen alle drei um den Baum herum und machen dabei Krach.
(Alle drei tun so, wie Tapp vorgeschlagen hat. Tatsächlich steckt die Elster ihren Kopf hervor, zieht ihn aber ebenso schnell wieder hinter den Baum. Dann fallen hintereinander die drei Gabeln vom Baum.)
Tipp: Hurra! Wir haben gewonnen!
Tapp: Na, was hab' ich gesagt!
Tipp: Kannst schon mehr als bis drei zählen.
Topp: Redet nicht so viel. Kommt lieber essen.
Tipp: Schön, schön! Und die größte Bockwurst, die bekommt unser Kleiner!
(Tipp, Topp und Tapp gehen gemeinsam zum linken Busch. Die Elster flattert nach rechts ab. Der Vorhang schließt sich.)

Fix und Fax

Es spielen mit: Sonne (Kind als Darstellerin)
Puppen: Fix, das Hündchen; Fax, das Kätzchen
Matrjoschka
(Falls kein Holzpüppchen vorhanden ist, kann eine Rührkelle in eine Puppenbäuerin verwandelt werden.)
Spielgeräte: Decke, Stock mit Brettchen, Würfelzucker, ein Milchtöpfchen, drei Tassen, ein Längsstreifen brauner Stoff oder Kreppapier

(Auf der Spielleiste unter einer Decke schlafen Fix und Fax. Das Kätzchen schnurrt, das Hündchen schnarcht leise, die Decke

hebt und senkt sich im Rhythmus des Atmens. Die Darstellerin der Sonne geht zur Spielleiste, guckt sich die Langschläfer an und setzt sich vorn zu den Zuschauern.)
Alle Kinder (singen nach der Melodie: Auf der schwäb'schen Eisenbahne ...):

Uhren ticken, ticken leise,
Erdball dreht sich, dreht im Kreise,
Hopplaheda, aufgewacht!
Fix und Fax, die Sonne lacht.
(Alle Kinder klatschen, rufen, schlagen Lärm und rufen: „Fix und Fax!" Fix bellt leise, Fax miaut verschlafen. Sie strampeln sich aus der Decke und werden langsam munter.)
Fix: Kätzchen, die Sonne ist schon da. Komm fix, spazieren gehen!
Fax: Oja, die Sonne! Guten Morgen. *(Winkt der Sonne.)* Spazieren geh' ich nicht, Fix, ich möchte Milch schlecken, drei Töpfchen voll, miau.
Fix: Weißt du, was ich möchte?
Fax: Na, was denn?
Fix: Zucker lecken, mmmmmm!
Beide (zusammen): Milch schlecken – Zucker lecken, Milch schlecken – Zucker lecken!
Fix: Du, Fax, ich weiß was!
Fax: Na, was denn?
Fix: Ich hab' gesehen, wie die Kinder Kartoffeln pflanzen...
Fax: Mio... Kartoffeln mag ich nicht.
Fix: Unterbrich nicht... du. Kartoffeln pflanzen im Frühling. Sie buddeln ein Loch, legen eine Kartoffel hinein, Erde drauf und fertig. Und nun geschieht das Wunderbare: später ziehen sie die Pflanze heraus, und was siehst du?
Fax: Nichts.
Fix: Fax! Viele Kartoffeln.
Fax: Wieso viele? Eine 'rein... und viele 'raus?
Fix: Die reine Wahrheit. Ich hab' es selbst gesehen.
Fax: Wirklich wunderbar. Fix, was die Kinder können, können wir schon lange. Ab, in den Garten.
Fix: Warte – und was pflanzen wir?

Fax: Äh... wir pflanzen... ich pflanze einen Topf mit Sahne. Ob dann viele Töpfe aus der Erde sprießen?
Fix: Oh, und ich pflanze ein Stück Würfelzucker, und dann buddel ich sie aus, viele, viele Stückchen.
Fax: Los, los. Ich hole Sahne... *(ab)*
Fix: Und ich Zucker, fix fix ... *(ab)*
Alle Kinder (singen):
Uhren ticken, ticken leise,
Erdball dreht sich, dreht im Kreise.
Haben sich was ausgedacht,
Fix und Fax! Die Sonne lacht.
(Die Darstellerin der Sonne steht auf, legt über die Spielleiste einen Streifen braunen Stoffes.)
Sonne: Hier ist das Feld. Nun werden Fix und Fax bald kommen.
Fix (kommt mit einem Stück Würfelzucker, legt es hin):
Lecker, lecker! *(Schnuppert, leckt.)*
Fax: Halt! *(Stellt ein Töpfchen Sahne vor sich hin.)* Es wird nicht genascht. Nun grabe fix ein tiefes Loch.
Fix: Gut. *(Scharrt mit den Vorderpfoten eine tiefe Kuhle.)*
Fax: Das reicht schon für mein Sahnetöpfchen.
Fix: Erst ich – erst pflanze ich meinen Würfelzucker. *(Stupst den Zucker hinein, scharrt Erde drüber.)*
Fax: Fix, mein Bester, buddel jetzt noch eine Grube, du gräbst ja so allerliebste Löcher.
Fix: Gut, jetzt werden wir auch noch deine Sahne pflanzen. Ganz fix! *(Buddelt wie wild.)* Aber du lauf und such ein Stöckchen und ein Brett.
Fax: Weiß schon, jawohl *(ab)*.
Fix: So ... fertig.
Fax: Hier sind Stock und Brettchen. *(Fix nimmt den Sahnetopf, Fax zieht ihn hastig an sich.)*

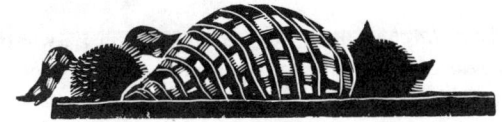

Nein, ich will ihn selbst pflanzen. *(Stellt ihn in die Grube.)*
Fix: Erde drüber *(scharrt zu, Fax drückt fest).*
Jetzt haben wir's geschafft *(steckt Stock hinein).*
Fax: Wird's schnell wachsen?
Fix: Nur Märchen kann man schnell erzählen. Wir gehen jetzt erst einmal ins Haus, und in ein paar Tagen sehen wir nach.
Fax: Dauert das aber lange. Ich werde schon morgen nachsehen. *(Beide ab.)*
Matrjoschka: Oh! Ein neues Brettchen. Was haben die Kinder denn hier gepflanzt *(liest)*? Würfelzucker. Sahne. – Du lieber Himmel! *(Wendet sich an die Kinder.)* Was hat denn das zu bedeuten? *(Die Kinder erzählen.)*
Matrjoschka: So – der Hund Würfelzucker, das Kätzchen süße Sahne? Ach, da kommen sie schon. Nicht verraten, Kinder, ich will sie beobachten. *(Fix und Fax gehen zu dem Stöckchen, gucken nach.)*
Fix: Hier hab' ich Würfelzucker gepflanzt, aber er sprießt noch nicht aus der Erde.
Fax: Von meiner süßen Sahne ist auch noch nichts zu sehen.
Fix: Die Sonne scheint, das ist gut. Aber wir müssen gießen, wie die Kinder es im Garten tun. Warte!
Fax: Ich komme mit, Wasser schleppen ist schwer *(ab)*. *(Die Matrjoschka schaut aus ihrem Versteck. Fix und Fax bringen die Gießkanne und gießen.)*
Fix: Jetzt wird es schneller wachsen.
Fax: Los, wir setzen uns her und warten *(sitzen und starren auf die Erde, stöhnen).*
Fax: Dauert mächtig lange, Fix.
Matrjoschka: Wollt ihr verhungern, Fix und Fax?
Fix: Was sagst du?
Matrjoschka: Nichts werdet ihr ernten, hier kann nichts wachsen.
Fix und Fax (durcheinander): So ... und warum ... wieso?
Matrjoschka: Das werden euch die Kinder erklären *(ab).*
(Kinder erzählen.)

Fix: Dann haben wir umsonst gepflanzt?
Sonne (steht auf): Das nächste Mal helft ihr den Kindern, und dann werdet ihr gemeinsam ernten. Hier, Fix *(gibt ihm Würfelzucker)*, und hier, Fax *(stellt drei Tassen mit Sahne hin)*, drei Töpfchen Sahne! Schließlich habt ihr fleißig gearbeitet. *(Tiere schlecken.)*
Kinder (singen):
Uhren ticken, ticken leise,
Erdball dreht sich, dreht im Kreise,
seht, der Tag will schon vergehn,
Sonne sagt: auf Wiedersehn!
(Sonne geht ab.)

Kaspers Zirkusvorstellung

Puppen: Kasper, Hahn, Hase, Hund, Kater, Bär

(Kasper erscheint, ein Lied singend.)
Guten Tag, ihr lieben Kinder,
Kasperle ist wieder da!
Heute woll'n wir Zirkus spielen,
Tschingdibumdirassasa!
Kasper kommt heut' nicht alleine,
hat euch Freunde mitgebracht.
Ihr dürft raten, wen ich meine,
aufgepaßt und mitgemacht!
Hat den schönsten Federschwanz,
an den Stiefeln Sporen,
kräht ganz laut am Morgen schon,
geht drum nie verloren!
Wer ist das?
Kinder: Der Hahn!
Kasper: Kinder, kräht mal alle schön,
werdet dann den Hahn hier seh'n.

(Kasper dirigiert, Kinder krähen, dann erscheint der Hahn, er kräht: Kikeriki!)
Kasper: Ei, mein Hähnchen, lieber Hahn,
mit dem schönen roten Kamm,
mit dem Köpfchen, weich und mollig,
und dem Bärtchen, lang und drollig,
weckst uns schon am frühen Morgen,
krähst hinweg die kleinen Sorgen,
weckst die Kuh, das Schwein, das Schaf
und die Kinder aus dem Schlaf.
Kasper (streichelt den Hahn):
Grüß nun schön die Kinder all',
und verbeug dich auch einmal.
(Kasper geht ab. Hahn wendet den Kopf nach rechts und links, kräht vor Vergnügen. Kasper kommt zurück mit Napf.)
Kasper: Komm, mein Hähnchen, friß dich satt,
schau mal, was der Kasper hat,

feine Körner, glatt und rund,
Hafer ist ja so gesund!
(Der Hahn kräht, pickt die Körner aus dem Napf. Kasper geht mit dem leeren Napf hinaus, der Hahn dankt mit Krähen und geht ab.)
Kasper: Nun erratet mal geschwind,
wer die nächsten Gäste sind?
Hat ein dichtes, braunes Fell,
lange Ohren, Äuglein hell,
stopft mit Möhren sich und Kohl
gern sein kleines Bäuchlein voll.
Kinder: Der Hase!
(Hase kommt gehüpft, versteckt sich hinter Kaspers Rücken.)
Kasper: Was machst du denn da hinter mir?
Die Kinder meinen's gut mit dir.
(Kasper streichelt das Häschen.)
Kasper: Grüß nun schön die Kinder all',
und verbeuge dich einmal.
(Hase verbeugt sich.)

Wißt vom Hasen ihr ein Lied?
Singt, ich brumme tüchtig mit.
(Kinder singen, Hase tanzt im Takt dazu, erst allein, dann faßt ihn Kasper an und tanzt mit.)
Kasper: Häschen, hast du fein gemacht,
hab' dir auch was mitgebracht.
Sollst die schönste Möhre haben,
dich am Kohlblatt weidlich laben.
(Kasper bringt ihm eine Möhre und ein Kohlblatt, der Hase nagt daran und hüpft davon.)
Kasper: Ratet nun den nächsten Gast,
ihn kennt jeder. Aufgepaßt!
Er bellt jeden Fremden an,
läßt keinen an das Haus heran.
Kinder: Der Hund! *(Kasper ruft, der Hund kommt.)*
Kasper: Hündchen, komm zu uns heran,
Kinder, schaut ihn euch nun an.
Unser Hund hat nicht zum Spaße
eine feine Schnuppernase,
hat ein weiches, warmes Fell,
Kulleraugen, klug und hell.
Immer ist er auf der Wacht,
bellt bei Tag und bellt bei Nacht.
(Hund bellt.)
Komm, begrüß die Kinder all',
und verbeug dich auch einmal.
(Hund gehorcht.)
Achtung, Freundchen, es geht los,
strecke dich mal riesengroß!
(Richtet sich auf.)
Gut. Nun marsch! Mir hinterher!
(Auf den Hinterpfoten marschiert der Hund hinter Kasper her im Takt einer Marschmusik, bellt und dreht sich um sich selbst. Wenn die Musik endet, stellt er sich auf alle vier Pfoten.)
Ach, nun kannst du wohl nicht mehr?

Gut. Dann zähle: Wieviel sind ...
(zeigt beide Hände).
(Hund bellt zweimal.)
Zähl die Pfoten noch geschwind!
(Hund bellt viermal.)
Brav, du bist ein kluger Franz!
Und zum Schluß zähl noch den Schwanz!
(Der Hund schaut nach rechts und bellt, nach links und bellt, wedelt mit dem Schwanz und bellt viele Male.)
Kasper: Kinder, stimmt das? *(Kinder rufen „Nein!" Hund winselt.)*
Kasper: Schäm dich, zähle noch einmal!
Langsam, na, wie heißt die Zahl?
(Der Hund betrachtet aufmerksam seinen Schwanz, überlegt, neigt den Kopf schief und bellt einmal. Kasper und Kinder klatschen, der Hund verbeugt sich. Kasper bringt einen Reifen, stellt ihn senkrecht zur Spielleiste.)
Kasper: Sieh den Reifen, lieber Hund,
du bist sportlich und gesund,
springe nun hindurch geschwind,
hoppla! schneller als der Wind.
(Der Hund nimmt Anlauf mit Gebell, springt durch den Reifen. Kasper und Kinder klatschen. Kasper trägt den Reifen hinaus, kommt mit einem Ball zurück.)
Kasper: So, wir spielen mit dem Ball.
Fang ihn mal, fang ihn mal.
(Hüpft vor dem Hund mit dem Ball her.) Sieh, der Ball will immer springen,
laß ein Lied uns dazu singen.
(Der Kasper und der Hund stellen sich gegenüber und werfen sich den Ball zu, dabei singt Kasper ein Lied vom Ball.)
Kasper: Fliege, hüpfe, tanze, springe,
wenn mein Lied ich dazu singe,
lieber großer, bunter Ball,
springe immer noch einmal.

Springe, springe, eins – zwei – drei!
Fliege weg und komm herbei.
Hüpfe ohne Rast und Ruh',
tanze, springe immerzu! –
Hündchen, bist ein braves Tier,
kriegst auch eine Wurst dafür.
(Der Hund nimmt die Wurst und läuft davon.)
Kasper: Nun, wen stell' ich jetzt euch vor?
Paßt gut auf und seid ganz Ohr.
Dieses Tier mit Schwanz und Bart
ist mit schwarzem Fell behaart,
wenn man's streichelt, schnurrt's im Bauch,
mit dem Wollknäul spielt es auch.
Kinder: Die Katze!
Kasper: Komm nur herbei, komm, Kater, schnell!
Miez, miez! Komm, zeig dich auf der Stell'.
(Kater kommt und mauzt.)
Kasper: Ja, begrüß die Kinder all',
und verbeuge dich einmal.
(Kater verbeugt sich.)
Kinder, grüßt Herrn Schnurr, den Kater,
ist ein guter Katzenvater.
(Kinder grüßen ihn.)
Reiche mir dein Pfötchen her,
auch das zweite, so, mein Herr.
Schnurr, du bist ein kluges Tier,
willst' ein Schälchen Milch dafür?
(Kater mauzt, Kasper geht hinaus, der Kater folgt ihm, berührt Kasper mit der Pfote.)
Kasper (dreht sich um): Schnurr?
Kater: Miau – miau! *(Winkt ihn mit der Pfote heran.)*
Kasper: Gut, ich laufe nicht hinaus,
spielen Katze wir und Maus.
Wer spielt mit? *(Zu den Kindern.)*
Erzieherin: Ich!

Kasper: Schnurr, saus schnell dort in die Ecke,
ist ein sicheres Verstecke.
(*Kater mauzt, versteckt sich. Die Erzieherin sucht vergeblich.*)
(*Kasper bringt eine Tasse Milch.*)
Kasper: Sieger ist der schlaue Kater,
Schnurr, der brave Katzenvater.
Schleck die Milch, ein Täßchen noch?
Unser Kater lebe hoch!
(*Kater schleckt. Dann putzt er sich noch umständlich, leckt sich die Schnauze, schnurrt behaglich und läuft davon.*)
Kasper: Wen stell' ich zum Schluß euch vor?
Ratet mal und seid ganz Ohr:
Hat ein dickes, braunes Fell,
kommt nur träge von der Stell'.
Schläft in einem großen Bau,
sucht im Walde emsig, schlau,
Bienen Honig wegzunaschen,
kaut mit vollen Backentaschen.
Kinder: Der Bär!
Kasper: Komm herein, du Brummelbär!
Sing uns eins, tanz hin und her.
(*Der Bär rollt wild auf der Spielleiste herein. Dann erklingt eine Melodie, und er tanzt dazu.*)
Heute will ich lustig sein,
euch mit einem Tanz erfreu'n.
Tanze hin und tanze her,
tanze kreuz und tanze quer,
singe mir ein Lied zum Spaß,
Kinder, he, gefällt euch das?
Soll ich euch das Tanzen lehren?
Schritt nach rechts, nach links, dann kehren,
und das gleiche noch einmal,
bin der Meister hier im Saal.
Kasper: Alle Tiere, groß und klein,
laden wir zum Tanze ein.

(Zuerst erscheint der Hase, dann der Hund und der Kater. Alle tanzen folgende Figuren:
1. Kasper, Hase, Hund und Kater stellen sich in einer Reihe auf. Gesicht zu den Zuschauern.
2. Sie stellen sich einander gegenüber, fassen sich an, tanzen nach links und nach rechts.
3. Sie gehen in einer geschlossenen Reihe nach vorn, dann zurück, drehen sich paarweise oder einmal im Kreis.
4. Sie verbeugen sich.)

Der Kasper als Fischer

Puppe: Ein Kasper oder eine andere Puppe
Requisiten: Axt, Angel, Schuhe, Fisch, andere Gegenstände

Szenerie: Winterlandschaft mit zugefrorenem See
Inhalt: Auf der Bühne erscheint der Kasper. Er hat eine Angelrute in der Hand, um einen Karpfen für den Feiertag zu fangen. Er freut sich schon auf das herrliche Gericht. Jedoch – der See ist zugefroren – und so nimmt er eine Axt und hackt ein großes Loch in das Eis. Er wirft seine Angelrute aus und wartet, daß ein großer Fisch anbeißt. Da biegt sich auf einmal die Rute, Kasper will sie herausziehen, doch sie ist zu schwer. Ob er wohl einen Riesenkarpfen gefangen hat?
Nach großen Anstrengungen fördert er einen Schuh zutage. Ganz enttäuscht betrachtet er ihn, legt ihn zur Seite und wirft die Angel erneut ins Wasser. Nach einiger Zeit merkt er wieder, daß die Angel schwer und schwerer wird, doch wieder hängt ein Schuh daran. Kasper vergleicht die beiden Schuhe miteinander und sieht, daß sie zusammengehören und daß er sie tragen kann; das beruhigt ihn ein wenig.
Er probiert die Schuhe an, stellt sie dann zur Seite und wirft erneut die Angelrute aus. Doch als er sie herauszieht, hängt ein Topf am Angelhaken, danach fischt er eine Bratpfanne heraus.

Jetzt hat er schon die Pfanne und den Topf beieinander, in denen er einen Fisch braten kann, doch den Fisch hat er immer noch nicht gefangen. Nach und nach zieht der Kasper noch die verschiedensten Gegenstände aus dem See heraus, und nach vieler Mühe gelingt es ihm endlich, einen großen Karpfen zu fangen – auf den er so lange gewartet hat. Er legt ihn in die Pfanne und brät ihn. Als er ihn gegessen hat, nimmt er noch alle „gefischten" Gegenstände mit und geht davon.

Oh, was für ein Hokuspokus!

Puppen: Der Hund Bublik, der Kater Ksjuk, eine Matrjoschka-Figur

(Am Wandschirm liegt ein Hund, die Schnauze auf die Pfoten gelegt. Der Kater setzt sich neben ihn und putzt sich. An der Seite liegt ein großes Faß.)
Kater: Sag mal, wer hat sich für dich nur den wunderlichen Namen ausgedacht? Bublik – Ich habe zwar schon gehört, daß Hunde Tresor, Barbos, Jack oder Polkan heißen. Aber Bublik – Bublik *(lacht).* Das ist einfach lächerlich! Der Name ist einfach lächerlich und gar nicht schön.
Hund: Aber du heißt Ksjuk. Darüber lache ich doch auch nicht.
Kater: Ksjuk – das klingt so lieblich, so zärtlich, so wunderschön *(putzt sich weiter).*
Hund: Der Name hat doch nichts zu sagen.
Kater: Nun, was dann? *(Nähert sich Bublik.)*
Hund: Was dann? Nun, welche Arbeit man vollbringt.
Kater: Ja, was machst du denn so Besonderes?
Hund: Etwas Besonderes mache ich nicht. Ich bewache einfach nur das Haus meines Herrn.
Kater (spöttisch): Ist das aber eine schwere Arbeit! Du brauchst nur ununterbrochen zu bellen. Zu etwas anderem bist du nicht nütze *(lacht).*
Hund: Und du?
Kater: Ich? Oh, ich kann alles. Ich könnte dich sogar auf der Stelle in einen Wurm verwandeln.
Hund: Mich? In einen Wurm? Gut, da bin ich aber neugierig, verwandle mich doch gleich einmal!
Kater (ganz verwirrt): Ach, mir würde es so leid um dich tun ... Jeder Sperling kann dich dann fressen. *(Wichtig.)* Aber ich kann mich auch in einen Tiger verwandeln, in einen großen wunderschönen Tiger.

(Singt und tanzt dazu):
Alles kann ich, alles weiß ich,
kommt mir nicht zu nah'!
Freß' sogar den Elefanten
auf aus Afrika!
Hund: So einer bist du also! Hab' ich von dir nicht schon einmal in einem Buche gelesen?
Kater: Sicherlich, das ist sehr wohl möglich.
Hund: Ja, und in dem Buch wird von einem Kater erzählt, der ein Prahlhans ist.
Kater: Nein, das bin ich nicht, das muß bestimmt ein anderer Kater gewesen sein.
Hund: Aber mir scheint, daß du auch viel redest und nichts vollbringst!
Kater: Oh, ich kann alles!
Hund: Schau mal, hier steht ein Faß. Kannst du ... kannst du da hineinkriechen?
Kater: In dieses Faß kriechen? Hahaha! Sofort!
Hund: Versuche es einmal! Ich zähle bis drei. Eins ... zwei ...
(Kater kriecht in das Faß hinein) ... drei!
Hund (läuft schnell zum Faß und verschließt es mit dem Deckel):
Vier! Bravo! Was du alles kannst!
Kater (aus dem Faß): Hast du gesehen, wie ich hineingekrochen bin?
Hund: Hineingekrochen bist du, jawohl, hineingekrochen. Aber wie du wieder herauskommen willst, das weiß ich nicht. Jetzt werde ich den Deckel zuhämmern. *(Hämmert kräftig auf das Faß.)* Fünf, sechs, sieben, acht! Und jetzt krieche wieder heraus, los! *(Springt um das Faß herum.)*
Kater: Wie soll ich denn herauskriechen können, wenn du den Deckel verschlossen hast?
Hund: Eben sagtest du noch, daß du alles kannst.
Kater: Bublik, mein Liebster, Bester, laß mich wieder heraus!
Hund: Vielleicht laß' ich dich wieder heraus. Doch zuerst bleib ein wenig in dem Faß und denke darüber nach, wie schlecht es

ist, wenn man so prahlt. Wenn ich klopfe, so mußt du aus dem Faß rufen: „Ich bin der Kater Prahlhans"!
Kater: Um nichts in der Welt tue ich das.
Hund: Dann lasse ich dich niemals wieder heraus.
(Er legt seine Vorderpfoten auf das Faß.)
Kater: Gut! Ich bin einverstanden.
Hund (klopft mit dem Hammer auf den Deckel und lauscht): Weshalb schweigst du? Hörst du mich nicht? *(Er klopft, horcht, klopft noch einmal.)*
Kater (aus dem Faß): Ich bin der Kater Prahlhans.
Hund: Gut! Aber noch etwas lauter! *(Klopft.)*
Kater (etwas lauter): Ich bin der Kater Prahlhans!
Hund: So ist es richtig. Nur noch etwas lauter!
Matrjoschka (tritt herein): Was treibst du denn mit diesem Faß?
Hund: Komm mal näher heran, Matrjoschka! Das ist kein gewöhnliches Faß.
Matrjoschka: Wieso denn kein gewöhnliches Faß?
Hund: Klopf mal auf den Deckel, dann wirst du es verstehen.
Matrjoschka (klopft).
Kater: Ich bin der Kater Prahlhans! *(Die Matrjoschka klopft ein zweites Mal.)*
Kater (antwortet): Ich bin der Kater Prahlhans!
Matrjoschka: Aber kann man denn deinen Kater, den Prahlhans, einmal sehen?
Hund: Bitte! Eins, zwei, drei! *(Hebt den Deckel ab).* Los, komm schnell heraus, du Kater Prahlhans!
Kater (kriecht heraus): So eine Unverschämtheit! Das werde ich dir niemals verzeihen! F-r-r-r-r! B-r-r-r-r-r! *(Läuft davon.)*
Hund: Hast du ihn gesehen?
Matrjoschka: Ich habe ihn gesehen! Ein richtiger Hokuspokus!
Hund: Jetzt wird er niemals und nirgends wieder prahlen. *(Läuft davon.)*

Das schreckliche Ungeheuer

Puppen: Hase, Wildschwein, Bär Igel

(Szenerie: Brunnen im Wald. Der Hase sitzt hinter dem Brunnen. Das Wildschwein kommt herbei.)
Wildschwein: He, Hase, vor wem bist du denn davongelaufen? Hast du dich an irgendeinem Baum gestoßen?
Hase: Ach, laß mich, Wildschwein. Schreckliches ist mir passiert! Im Brunnen...
Wildschwein (unterbricht ihn): Etwas Schreckliches? Was kann denn im Brunnen schon Schreckliches sein?
Hase: Ein Ungeheuer, Wildschwein! So eines – mit langen Ohren und einem Bart! Komm, wir rennen schnell davon!
Wildschwein: Warum sollen wir denn weglaufen? Wozu denn?
Hase: Renn weg, sag' ich dir! Wenn das Ungeheuer aus dem

Brunnen herauskriecht, wird es uns beide zerreißen.... *(Hase läuft davon.)*
Wildschwein: Warte, Häschen, warte! Weißt du ... als ich gestern abend am Brunnen war, um Wasser zu trinken, sah ich im Brunnen auch so ein Ungeheuer, aber — es hatte kleine Ohren und eine lange, spitze Schnauze! ...
Hase: Mit kleinen Ohren? Das kann doch nicht möglich sein! Das, was ich gesehen habe, hatte lange Ohren, und es hatte — einen kleinen Kopf!
Wildschwein: Na so etwas, das bedeutet, daß zwei Ungeheuer im Brunnen sind!
Hase: Natürlich, es werden zwei sein! Wildschwein, lauf weg! *(Häschen, im Laufen:)* Rennen wir, damit sie uns nicht einholen können! *(Sie laufen beide davon, der Bär kommt herein.)*
Bär: He, warum rennt ihr denn so schnell? Ist der Jäger hinter euch her? *(Hase und Wildschwein bleiben stehen.)*
Hase (zitternd): Ach, wenn es nur der Jäger wäre, Bär, das wäre nicht so schlimm. Aber wir fliehen vor einem Ungeheuer! ...
Bär: Ach so, ... wartet einmal, erzählt!
Hase: Im Brunnen, Bär! Mit eigenen Augen habe ich es gesehen: Es hat lange Ohren und einen Bart ...
Wildschwein: Aber ich habe eines mit einer dünnen, spitzen Schnauze gesehen, Meister Petz! Schrecklich war es! Laßt uns fliehen, denn wenn die Ungeheuer aus dem Brunnen kriechen, bleibt keiner von uns am Leben.
Bär: So ist das also?
Wildschwein: Der Hase und ich werden jetzt davonlaufen, aber du, wenn du ...
(Der Hase und das Wildschwein rennen davon, der Bär holt sie ein.)
Bär: Warte, Häschen! Wildschwein, warte! Ach, ich kriege beim Rennen gar keine Luft mehr ... Und ... was habt ihr da gesagt ... ich muß euch auch etwas erzählen... Neulich, als ich zum Brunnen ging, um Wasser zu trinken, beuge ich mich über den Rand und was sehe ich da? — Steht da unten in dem Brunnen

irgend so ein Ungeheuer mit einem großen – riesengroßen Kopf, zerzaust und struppig, mit zottigem Fell – schrecklich, es anzufassen! ...
Hase: Was? Zottig sagst du? Oh ...
Bär: Ja!
Wildschwein: Und weiter? Zerzaust und struppig? ...
Bär: Ja, ja! ...
Hase: Dann sind nicht zwei Ungeheuer, sondern drei in dem Brunnen!
Wildschwein: Drei sind es, drei! Flieht, wenn sie euch nicht auffressen sollen, sonst bleibt nicht ein Knöchlein von uns übrig.
(Der Hase, das Wildschwein und der Bär laufen davon. Sie schauen sich beim Laufen immer wieder um. Der Igel kommt ihnen entgegen.)
Igel: He, Hase, Wildschwein! Habt ihr denn kein Zuhause, daß ihr im Winter im Wald umherlaufen müßt und Wettrennen macht? Und du, Bär, du bist doch schon zu alt für solche Späße!
Bär (außer Atem): Ach, Igel, laß deine Spöttereien. Wir laufen nicht um die Wette, sondern wir fliehen. Wir fliehen vor den Ungeheuern!
Igel: Vor Ungeheuern? Aber wo gibt es denn ein Ungeheuer?
Hase: Es gibt nicht nur eines, sondern drei!
Wildschwein: Ja, glaub uns nur. Sie sind ganz schrecklich, ganz fürchterlich!
Bär: Groß sind sie, zottig, zerzaust – im Traum werden sie dir erscheinen, daß du vor ihnen zitterst!
Igel (lacht): He, ihr Feiglinge. Wo sind denn diese Ungeheuer?
Hase: Im Brunnen, du Stacheltier! Ich habe sie eben gesehen!
Wildschwein: Ich auch, Igel! Gestern ...
Bär: Und ich! Neulich ...
Igel (verspottet sie): Ich auch! Ich auch! Ich auch! Feiglinge seid ihr. Das will ich euch sagen. Kommt mit, wir wollen uns einmal ansehen, was da für Ungeheuer im Brunnen sind! Kommt mir nach!

Hase: Ich ... ich komme nicht mit! Ich habe solche Angst! ...
Wildschwein: Der Hase hat solche Angst ... und ich auch ...
Bär: Ich ... ich ... ich habe keine Angst ..., aber wenn die beiden anderen sich fürchten ...
Igel: Feiglinge, Angsthasen seid ihr alle, aber kommt nur hinter mir her, dann werdet ihr sehen, daß dort überhaupt keine Ungeheuer sind! Los! *(Alle laufen zum Brunnen, der Hase als Letzter. Am Brunnen bleiben sie stehen, der Igel beugt sich über den Brunnenrand.)*
Igel (lacht): Kommt schnell, sage ich euch! *(Der Hase nähert sich dem Brunnen und beugt sich ebenfalls über den Rand.)*
Igel (lacht): Nun, was ist, Hase?! Siehst du denn ein Ungeheuer?
Hase: Ja ... aber ... es ist ganz unten – mit langen Ohren und einem Bart ...
Igel: Ach Hasenkind, mein Angsthase! Du Dummerchen verstehst das nicht. Das Ungeheuer, was du siehst, das bist du selbst.
Hase (weinerlich): Ich, ich soll das sein, ich bitte dich!
Igel: Ja, du bist das. Schau genau hin, dann wirst du es selbst merken. Das, was du im Brunnen siehst, das bist du selbst, das ist dein Spiegelbild.
Hase: Ja ... aber ...
Igel: Sieh mal, du hast es doch selbst gesagt, daß das Ungeheuer, das du gesehen hast, lange Ohren hatte und einen Bart. *(Der Hase schaut erneut in den Brunnen.)*
Hase: Ja, guck mal! Natürlich ... Das bin wirklich ich! Wildschwein, Bär, kommt schnell mal her! *(Das Wildschwein und der Bär beugen sich mit über den Brunnenrand.)*
Bär: Wahrhaftig, Wildschwein, das bist du ja selbst! Deine spitze, lange Schnauze ...
Wildschwein: Und ich denke, der andere dort bist du, Bär! Der Igel hat recht.
Igel: Natürlich habe ich recht, und ihr wißt jetzt die Wahrheit. Der Hase hat jetzt sein Ungeheuer gesehen mit den langen Ohren

und dem Bart, das Wildschwein seines mit der spitzen, dünnen Schnauze, der Bär mit dem großen, zottigen Kopf ...
(Hase, Wildschwein und Bär laufen aufeinander zu und umarmen sich.)
Alle drei (zusammen): Bravo, Igel-Stacheltier! Wie klug unser Igel doch ist! Er weiß einfach alles!
Igel: Alles weiß ich nicht, meine Freunde, aber ich weiß schon allerhand. Denn ich habe schon viel gesehen und viel erfahren ... Wenn ihr größer seid, werdet ihr auch mehr wissen ... Kommt, wir wollen uns jetzt verabschieden. Auf Wiedersehen, meine Freunde!
Zu dritt: Auf Wiedersehen!

Bär Schleckermaul

Puppen: Bär Schleckermaul, Häschen Saju, Ferkel Pratscho

(Waldwiese mit einem Baum, auf dem sich Bienenwaben befinden. Bär Schleckermaul kommt herbei. Er lauscht, um zu hören, woher das Summen kommt.)
Bär: Mir kommt es so vor, als hätte dieses Summen irgend etwas zu bedeuten. Es kann doch nicht jemand einfach so dahinsummen: summ – summ ... Wenn es irgendwo summt, bedeutet das, daß irgend jemand summt, und so viel ich weiß – summen die Bienen! *(Er steht auf.)* Aber weshalb summen denn die Bienen? Natürlich! Sie sammeln Honig! *(Er läuft zum Baum.)* Aber weshalb sammeln sie Honig? Damit ich ihn aufschlecken kann!
(Er beginnt, den Baum hinaufzuklettern und singt dabei.)
Ich bin das Bärchen Schleckermaul,
im Klettern bin ich gar nicht faul.
Der Honig schmeckt mir süß – brumm, brumm –
wo seid ihr Bienen – summ, summ, summ?
(Er klettert weiter recht ungeschickt und fällt dabei vom Baum.

Er steht wieder auf und schaut traurig nach oben. Dann singt er weiter.)
Ach, warum kann ich kleiner Bär
nicht Honig sammeln, süß und schwer?
Ich füllt' den Korb bis auf den Grund
und steckt' dann alles in den Schlund.
(Plötzlich geht er hinaus und kehrt mit einem Luftballon zurück. Er bläst ihn ganz groß auf und bindet ihn sich an der Hand fest. Dann läßt er den Ballon nach oben steigen, immer weiter, bis zur Honigwabe und noch weiter. Plötzlich hört er ein Summen.)
Bär: Sicher haben die Bienen Verdacht geschöpft. Der Mensch kann niemals voraussehen, was passiert, wenn er es mit Bienen

zu tun hat. Ich muß die Bienenkönigin überlisten. Ich werde gleich einmal ein Liedchen singen, um die Bienen hinters Licht zu führen.
(Singt): Ich bin ein kleines Wölkchen
am blauen Himmelszelt.
Ich bin ein leichtes Wölkchen
und gucke auf die Welt.
(Die Bienen kommen herbeigeflogen aus ihrer Honigwabe am Baum und fangen an, den Luftballon und den Bären zu stechen. Der Bär verteidigt sich. Alle Bienen sammeln sich auf dem Ballon und stechen so lange, bis er mit lautem Knall platzt. Dabei fällt der Bär vor Schreck auf die Erde.)
Bär: Hilfe! *(Der Bär bemüht sich, wieder aufzustehen, was ihm endlich gelingt. Er schaut nach oben und brummelt.)*
Bär: Der Mensch kann niemals voraussehen, was passiert, wenn er es mit Bienen zu tun hat. *(Geht ab.)*

Die verschwundene Zuckertüte

Puppen: Karoline Zuckertüte, Großmutter, Flax, Krümel, Fuchs, Elster, Kasper
Spielgeräte: Kleine Zuckertüte

Erste Szene (Vorspiel)
Karoline: Ich heiße Karoline,
bin fleißig wie 'ne Biene,
füll' allen Kindern hier im Land
die Zuckertüten bis zum Rand.
Guten Tag, liebe Kinder, tja, heute ist nun der große Tag, heute erhalten alle Schulanfänger eine schöne, bunte Zuckertüte. Und wer hat sie gefüllt: Ich, die Karoline Zuckertüte.
Kennt ihr Flax und Krümel? Na, da wäre ja fast die Zuckertüte ins Wasser gefallen. Sollen wir die Geschichte vorführen?
Gut, dann Vorhang auf für „*Die verschwundene Zuckertüte*".

Zweite Szene
Großmutter (zeigt kleine Zuckertüte): Guten Tag, liebe Kinder. Na, wie gefällt euch diese Zuckertüte? Ich habe sie für Krümel gekauft. Sie ist nun auch schon ein großes Mädchen, das in die Schule kommt. *(Legt die Tüte auf den Schrank.)* So, ich verstecke die Tüte, Karoline Zuckertüte wird sie noch füllen mit leckeren Süßigkeiten. *(Geht ab.)*

Dritte Szene
Krümel (kommt mit Flax): Du, Flax, ich kann den ersten Schultag kaum erwarten. Ob ich auch so eine schöne Zuckertüte bekomme wie du damals?
Flax: Was denkst du? Eine Supertüte bekommst du, klar.
Krümel (klatscht): Supertüte – Supertüte!
Flax: Freu dich nicht zu früh. Die Süßigkeiten sind schnell vernascht, aber dann heißt es rechnen und schreiben und stundenlang stillesitzen.
Krümel: Weiß ich. Und ich freu' mich doch auf die Schule! Ich glaube, Großmutter hat schon eine Zuckertüte gekauft, wollen wir mal nachsehen?
Flax: Meinetwegen, du neugierige Nase. *(Beide gehen ab.)*

Vierte Szene
(Karoline Zuckertüte kommt mit der gefüllten Tüte.)
Karoline: So, ich habe der Großmutter gesagt, daß ich Krümels Zuckertüte hier verstecke, im Haus hat sie schon gesucht. Krümel wird sich freuen, was ich da alles hineingesteckt habe. *(Legt die Zuckertüte auf die Gartenbank.)* Großmutter wird gleich kommen und sie dann wieder ins Haus bringen.

Fünfte Szene
Frau Elster (kommt, betrachtet neugierig die Zuckertüte): Herr Fuchs, Herr Fuchs!
Fuchs (knurrt): Was denn nun schon wieder, Frau Elster?
Frau Elster: Sehen Sie sich das an, was ich hier entdeckt habe.

So eine herrliche Zuckertüte, wie die glänzt! Wer mag die nur hergelegt haben, so etwas wirft man doch nicht weg.
Fuchs: Nein, diese Elster, was die immerzu findet! Wer weiß, wer sie da hingelegt hat, unsere ist es jedenfalls nicht. Kommen Sie.
Frau Elster: Herr Fuchs, Sie haben ein Hasenherz. Ich bin dafür, wir nehmen sie mit und schauen, was drin ist. Anschauen ist nicht verboten. So.
Fuchs: Wenn Sie meinen, Elsterchen. Ich bin ja auch sehr neugierig *(schnuppert).* Es duftet ja so gut, oh oh! *(Lacht. Beide tragen die Tüte fort.)*

Sechste Szene
(Großmutter kommt, sucht auf der Bank, unter der Bank.)
Großmutter: Nanu, ich hab' zwar schlechte Augen, aber die Zuckertüte müßte ich ja wohl erkennen.
(Tastet alles ab.) Wir hatten abgemacht, daß Karoline sie füllt und ich sie mir hier abhole.
(Wendet sich an die Kinder.) Sagt mal, war denn Karoline noch nicht hier?
(Kinder berichten von Frau Elster.) Na, das sieht Frau Elster ähnlich. Sie sammelt alles ein, was glänzt. Und Krümel freut sich schon so auf die Zuckertüte. Was nun? Kinder! Ruft mir den Kasper, der hat flinke Beine und eine feine Nase.
(Kinder rufen laut nach dem Kasper.)
Kasper: Potz Blitz und Schabernack, Zuppel – Zappel – Zippelmütze! Gerade will ich zur Großmutter, da schreit ihr, daß die Wände wackeln. Wo brennt's denn?
Großmutter: Lieber Kasper, du mußt gleich in den Wald.
Kasper: Jawolljaja, Pilze suchen. Haste'n Korb?
Großmutter: Nein, nein, die Zuckertüte suchen.
Kasper: Seit wann wachsen Zuckertüten auf den Bäumen?
Großmutter: Nein, nein, Frau Elster hat Krümels Zuckertüte stibitzt, die muß schnell wieder her.
Kasper: Da soll doch gleich das Allewetter Donnerwetter samt

Blitz und Zippelmütz dreinschlagen, was ist das für ein Unfug!
Die Schultüte? – Ist was Leckeres drin?
Großmutter: Jaja, nun lauf aber, Kasper, bitte!
Kasper: Ich sause, keine Bange. Ruh dich von dem Schreck aus,
Großmutter. *(Großmutter ab.)* Und ihr kommt mit! Singen wir?
Bei los geht's los! *(Singt: "Das Wandern ist des Kaspers Lust..."
Geht ab.)*

Siebente Szene
*(Fuchs und Elster schleppen schwer an der Tüte. Karoline
ist ihnen gefolgt, beobachtet sie aus dem Versteck.)*
Fuchs (legt ab): Erst mal Pause, Elsterchen, reichlich schwer die
alte Tüte.
Elster: Aber Herr Fuchs, die kleine Tüte! Bin einverstanden,
gönnen wir uns ein wenig Ruhe.
Fuchs: Wie das duftet! *(Hält die Schnauze zum Naschen bereit.)*
Elster: Nase weg, unterstehen Sie sich, mein Lieber.
Fuchs: Dran riechen wird wohl erlaubt sein. Da fällt mir ein,
wir könnten meinen kleinen Wagen holen, laden die Zuckertüte
auf und ab geht's!
Elster: Na, das ist ja eine fabelhafte Idee! Ich komme gleich mit,
Herr Fuchs. *(Beide gehen ab.)*

Achte Szene
*Karoline Zuckertüte (kommt aus dem Versteck, hat eine leere
Zuckertüte mitgebracht):* Die sollen Augen machen, wenn sie
die leere Tüte öffnen! *(Vertauscht die Tüten.)* Da kommen sie
zurück.
Kasper (saust auf die Tüte zu, bückt sich): Ich habe sie, ich habe
sie, ich habe sie gefunden!
Karoline: Laß die Tüte liegen, Kasper. Wie kommst du denn
hierher?
Kasper: Die Großmutter schickt mich, die Tüte zurückzuholen.
Und was Kasper verspricht... *(Guckt in die Tüte.)*

Karoline (unterbricht ihn): Das hält er! Hier ist die richtige Tüte. *(Gibt sie ihm.)* Flitze, dann kommst du noch gerade zur rechten Zeit, und Krümel bekommt ihre Schultüte.
Kasper: Ich nehm' die Beine in die Hand! *(Nimmt die Beine hoch und saust ab.)*
Karoline: Und ich knöpf' mir die Übeltäter vor.

Neunte Szene
(Fuchs und Elster kommen mit dem Wagen.)
Fuchs (hebt die Tüte an): Nanu, Elsterchen, die Tüte ...
Elster: ... ist ja federleicht!? Schauen Sie mal hinein? *(Fuchs fährt mit der Nase tief hinein, bleibt drin stecken.)*
Fuchs: Hilfe, ziehen Sie mal, Elsterchen, oh ... ziehen Sie! Elster müht sich vergeblich.)*
Karoline (tritt aus dem Versteck): Ja, Herr Fuchs, Sie sitzen in der Falle. Man soll eben seine Nase nicht in fremde Sachen stecken.
Elster: Ich bin schuld, ich sah die glänzende Tüte liegen und konnte nicht widerstehen. Bitte helfen Sie Herrn Fuchs.
Karoline: So.
(Zieht die Tüte herunter.)
Die Tüte gehört Krümel, Sie hätten ihr den ersten Schultag verdorben, wenn ich Sie nicht ertappt hätte.
Fuchs: Es tut mir leid. Ich lasse mich nie wieder von Frau Elster verführen.
Elster: Es soll nie wieder vorkommen, Herr Fuchs.
Fuchs: Na, na, Frau Stibitz ... äh Elster, wollen's hoffen.
Elster: Bitte gratulieren Sie Krümel zu ihrem Festtag. Auf Wiedersehen. *(Mit Fuchs und Wagen ab.)*

Zehnte Szene
(Großmutter sitzt und wartet.)
Flax: Großmutter, wir müssen gehen. Wir kommen zu spät.
Großmutter: Schlimm, mein Junge, oh ja, schlimm, schlimm.
Flax: Na, dann komm doch endlich.

Großmutter: Ich ... ich muß noch auf den Kasper warten.
Flax: Laß doch den Kasper, ist der so wichtig jetzt?
Großmutter: Und wie wichtig er ist, mein Junge.
Krümel: Großmutter, Flax, kommt ihr denn nicht?
Großmutter (sucht die Brille): Ja, ja, nur noch die Brille ...
Kasper mit Zuckertüte: Hier – von Karoline! Glückwunsch – Krümel! Die Schule soll so gut schmecken wie das, was in der Tüte ist.
Großmutter: Nun ist es aber höchste Zeit, daß wir in die Schule kommen.
Krümel: Vielen Dank, Großmutter, Kasper! Jetzt freu' ich mich erst richtig auf den ersten Schultag. (Abschlußlied: Wir schenken dir zum Schulanfang ...)

Das eigensinnige Kätzchen

Erzählerin: Bei einem kleinen Mädchen lebte einst ein junges, graues Kätzchen. Es war so eigensinnig, daß es alles nach seinem Kopf machen wollte. Einmal ging das Kätzchen spazieren. Das Mädchen sorgte sich sehr und sagte: „Geh nur nicht so weit fort, sonst verirrst du dich." Aber das Kätzchen hörte wieder nicht und lief in den Wald.

Kätzchen (läuft langsamer und langsamer, setzt sich, pustet auf seine Vordertatzen): Pffff, pffff – au, au, bin schon ganz müde, aumiau.
(Läuft im Kreis, ohne den richtigen Weg zu finden.)
Wozu hier so viele Besenstiele herumstehen? Da find' ich nie mehr nach Hause. *(Setzt sich wieder und weint.)* Nie, nie mehr.
Häslein: Was machst du denn hier?
Kätzchen: Ich hab' mich verlaufen.

Häslein: Na, du siehst aber putzig aus. Wer bist du eigentlich?
Kätzchen: Weiß nicht. Siehst du nicht, wie klein ich noch bin?
Häslein: Oje, du bist aber dumm. Sag, wer ist deine Mutter?
Kätzchen: Aber ich hab' doch nur das Mädchen.
Häslein (kugelt sich vor Lachen): Ach, du mein Stummelschwänzchen! Du weißt aber auch gar nichts. *(Überlegt plötzlich.)* Sag mal, kannst du springen?
Kätzchen: Und wie, guck mal *(springt)*.
Häslein: Na, alles klar: du bist ein Hasenkind.
Ich bring' dich nach Hause. Komm!
(Sie gehen ein paar Schritte.)
Sag mal, warum hast du nur so kleine Ohren?
Kätzchen: Warum, warum? Ich sag' doch, ich bin noch klein...
Kätzchen (streicht mit der Pfote übers Ohr): Hmmmm, dafür hab' ich aber doch einen langen Schwanz, nicht?
Häslein: Ach, macht nichts *(seufzt)*. Laß uns weitergehen.
Erzählerin: Nun gingen die beiden durch den Wald bis zu dem Gemüsefeld, wo die Hasen wohnen. Das Häslein sagte seiner Mutter, daß es ein Hasenkind gefunden habe.
„Na gut", antwortete die Hasenmutter, „gib ihm etwas Gutes zu essen und dann legt euch schlafen, es ist ja schon spät."

(Kohlfeld, Hasenwohnung.)
Häslein (mit Kohlblatt): Da!
Kätzchen: Was heißt – „da"?
Häslein: Das heißt: nimm und iß!
Kätzchen (nimmt es): Ich kann das nicht essen *(weint)*. Ich bin doch noch so klein.
Häslein: Klein – du kannst wohl nichts anderes sagen? Ich bin auch noch klein, aber guck mal, wie ich das Kohlblatt wegschnurpse! Schnurps, schnurps, schnurps *(frißt auf)*.
Kätzchen: Kohlblatt? *(Weint.)*
Hasenmutter: Na, na! Wisch die Tränen ab. *(Kätzchen nimmt dazu ein Kohlblatt.)* Nein! Du bist bestimmt kein Hasenkind. *(Ruft laut.)* Großvater, komm schnell, sieh dir an, was für ein putziges Dingsbums mein Sohn gefunden hat.
Hasengroßvater: So? Laß mal sehen. *(Beguckt lange das Kätzchen durch die Brille, über die Brille hinweg.)* Hmmmm, oha, oha! *(Hat plötzlich eine Idee.)* Ja, wie ist es denn mit dir, kannst du auf Bäume klettern?
Kätzchen: Kann ich.
Hasengroßvater: Also. Dann führ' ich dich nach Hause. Jetzt weiß ich, wer du bist. Sonnenklar: Du bist ein kleines Eichhörnchen. Kleine Ohren hat es und einen langen Schwanz. Komm!

Erzählerin: Nun humpelte der Hasenopapa davon, und Kätzchen lief hinter ihm drein. Am Waldrand stand eine alte Eiche. Der Hasenopapa trommelte mit den Vorderpfoten gegen den Stamm, bis von oben des Eichhörnchens Stimme zu hören war. „Wer ist denn da?"
„Opa Wackelohr", rief der alte Hase. „Ich bringe dir ein kleines Eichhörnchen."
„Laß es nur heraufkommen", rief das Eichhörnchen, „ich habe genug Wintervorrat gesammelt."

(Im Nest des Eichhörnchens.)
Eichhörnchen (reicht Kätzchen einen Tannenzapfen): Da!
Kätzchen: Was ... „da"?
Eichhörnchen: Da – nimm und iß!
Kätzchen (beleidigt): Das kannst du selber essen, da! *(Wirft den Tannenzapfen weg.)*
Eichhörnchen: Was fällt dir ein! Den leckeren Tannenzapfen wegzuwerfen! Du kriegst gleich einen Klaps! *(Hebt die Pfote, läßt sie wieder sinken.)*
Oder ... hm, hm, bist du vielleicht gar kein Eichhörnchen?

Kätzchen: Weiß nicht. Ich habe Hunger...
Eichhörnchen: Was soll ich dir denn geben? Pilze?
Kätzchen: Was? Weiß nicht. – Nein, nein, ich will eine Maus!
Eichhörnchen: Ach du Dummchen! Warum hast du das nicht eher gesagt, dann hätte ich's gleich gewußt: Du bist ein Igelkind! Klarer Fall.
Schnell, ich bring' dich nach Hause.
Erzählerin: Nun führte das Eichhörnchen das Kätzchen zur Igelfamilie. Gemütlich und warm war es im Igelbau. „Geh nur zu den Kindern", sagte die Igelmutter. „Eßt ein Mäuslein und legt euch schlafen."
Endlich konnte sich das Kätzchen satt essen. Doch es sehnte sich nach seinem Körbchen zu Hause.

(Im Igelbau.)
Igeljunge: Komm schlafen, es ist schon spät.
Kätzchen: Wo soll ich denn schlafen?
Igeljunge: Na hier! Kuschel dich ins weiche Laub.
Hier ist es warm, hier liegen wir den ganzen Winter.
Kätzchen (will sich hinlegen): Au! Au! Du piekst mich! Au, hast du aber spitze Stacheln! *(Weint.)* Nein, hier will ich nicht bleiben, aumiau, ich bin schon rundherum zerstochen!
Erzählerin: Das Kätzchen lief hinaus und setzte sich unter einen Baum und weinte bis zum frühen Morgen. Als die Sonne aufging, hörte es über seinem Kopf eine Stimme: „Ich weiß, wer du bist."
„Wer denn?" rief das eigensinnige Kätzchen. „Das eigensinnige Kätzchen!" antwortete die Krähe. „Führst du mich auch nicht an?" fragte das Kätzchen. „Na hör mal!" sagte die Krähe. „Ich will es dir beweisen, folge mir." Und sie flog voran und führte das Kätzchen aus dem Walde hinaus bis in die Straße, wo das Mädchen wohnte. „Ja, das ist unser Haus!" freute sich das Kätzchen. „Danke!"
Es dachte: „Nie wieder geh' ich allein in den Wald!" Es stellte den Schwanz hoch und schlüpfte ganz leise und heimlich durch die Tür.

Anmerkung: Was wir an Puppen und Spielgeräten brauchen:
Puppen: Kätzchen, Hasenkind, Hasenmutter, Hasenopa, Eichhörnchen, Igelkind, Igelmutter
Spielgeräte: Kohlblatt, Tannenzapfen.
Dieses Spiel kann mit Hand- oder Fingerpuppen auf der Bühne oder am Tisch aufgeführt werden. Die Erzählerin liest den Text ab, die Kinder können die Dialoge improvisieren.
Das kleine Stück wendet sich an die Kinder der jüngsten Gruppe. Man kann es mit den Kindern der mittleren oder älteren Gruppe üben und dann den Jüngsten vorspielen.

Matrjoschka-Spiel

Dieses Gedicht ist für die Jüngsten geeignet zum Thema der deutsch-sowjetischen Freundschaft. Die Gruppe hört zunächst das Gedicht, und die Erzieherin baut bei jedem neuen Vers eine Puppe auf. Dann spricht sie das Gedicht noch einmal und läßt die Kinder das Spiel mitspielen. Zum Schluß verschwinden alle Puppen wieder in der großen „Matrjoschka".
Ist ein zweiter Satz Matrjoschka-Puppen vorhanden, können daraus Tischmarionetten gebastelt werden. Vorsichtig wird mit einem Bohrer oben eine Öffnung angebracht und ein Rundstab (Fahnenstöckchen, Trinkröhrchen; eventuell einleimen) hineingeschoben. Die Führung an einem Faden ist auch möglich, aber nicht so präzise.
Nun können die Puppen von den Kindern geführt werden; in Reih' und Glied marschieren, rechts um, links um üben und tanzen.

Ich bin die Matrjoschka vom Sowjetland,
bin vielen Kindern wohlbekannt.
Ihr wißt, ich komme nicht allein,
schaut nur einmal in mich hinein.

„Druschba!", ihr Kinder fern und nah.
Seht, das Püppchen zwei ist da!
Grüßt jedes Kind auf dieser Welt,
das mit Matrjoschka Freundschaft hält.

Aus zwei mach drei.
Matrjoschkaschritt!
Alle Kinder tanzen mit.
1, 2, 3 im Ringelreih'n
tanzen lustig wir zu drei'n.

„Sdrasdwuitje!" sagt Püppchen vier,
ich bin nicht so groß wie ihr.
Aber Püppchen „Klitzeklein"
paßt doch noch in mich hinein.

„Klitzeklein" ist auch schon da.
Schaut aus ganz wie die Mama.
Alle sind sie kugelrund
mit dem Kopftuch kunterbunt.

Fünf und vier und drei und zwei,
das ist keine Zauberei.
Nun ist nur noch eine da,
sagt euch „Do swidanija".

Auch das nachfolgende Gedicht, das von einer elfjährigen Schülerin aus Halle verfaßt wurde, läßt sich mit den Puppen am Stöckchen gut auf der Tischplatte von den Kindern mitspielen.

Babuschka

Ich bin die dicke Babuschka,
hab' einen runden Bauch,
hab' blaue Augen, rote Wangen,
und lachen kann ich auch.

Ich bin die dicke Babuschka
und bleib' nicht gern allein.
Drum dreh' ich mich im Kreis herum,
und schon sind wir zu zwein.

Ich bin die dicke Babuschka
und lad' zum Tanze ein,
mal rechts herum, mal links herum –
da sind wir schon zu drein.

Ich bin die dicke Babuschka
und komme nicht von hier.
Ich komm' aus der Sowjetunion.
Und jetzt sind wir schon vier.

Ich bin die dicke Babuschka
und trage rote Strümpf'.
Ich wieg' mich hin, ich wieg' mich her,
da sind wir auch schon fünf.

Ich bin die kleine Babuschka,
kann zaubern wie die Hex'.
Soeben waren wir noch fünf,
und jetzt sind wir schon sechs.

Ich bin die kleinste Babuschka,
wär' gerne hier geblieben.
Wir müssen jetzt nach Hause gehn
zusammen alle sieben.

Die Bärenkinder Bim und Bum
(Kleines Spiel für Fingerpuppen)

1. Bär: Ich bin Bim.
2. Bär: Ich bin Bum.
Beide: Wir sind zwei Teddybären.
1. Bär: Ich kann brummen: brumm, brumm, bra.
2. Bär: Ich kann singen: trala la!
1. Bär: Ich kann schnarchen: chr, putchepüh!
2. Bär: Ich muß niesen: tschi, hatschi!
1. Bär: Bum, du sollst mich nicht erschrecken.
2. Bär: Bim, wir spielen jetzt Verstecken.
Beide (laut): Auja auja!

1. Bär: Bum, such mich mal!
2. Bär: Wo bist du?
1. Bär: Hier!
(Verschwindet wieder, das wiederholt sich.)
2. Bär (traurig): Komm heraus, ich find' dich nicht.
1. Bär: Bum, wie dumm.
2. Bär: Bim, wohin?
1. Bär: Laufen wir zum Bienennest.
2. Bär: Schlecken Honig – auja auja.
Beide: Das wird ein Fest!

Der kleine Briefbote

Klingeling, bimeling! Heda holla!
Schnell aufgemacht, die Post ist da!
Es ist schon spät, ich muß noch weit,
Postboten haben keine Zeit.
Klingeling!

Ich komm' heut schon vom Nordpol her,
und meine Tasche, die ist schwer,
drum aufgemacht und nicht gelacht!
Ich hab' euch allen was mitgebracht.
Holla!

Hier ist die Zeitung für Papa
und hier ein Briefchen für Mama,
ein Telegramm für Margaret
und für den Spitz ein Wurstpaket!
Adjö!

(Kombiniertes Laien- und Puppenspiel.)
Die Darsteller:
Briefbote: Ein Kind verkleidet sich. Es genügt zum Beispiel eine blaue Mütze, eine gelbe Armbinde, eine Tasche mit gelbem Posthorn. In der Tasche liegen Zeitung, Brief, Telegramm und Wurstpaket bereit.
Papa, Mama, Margaret und Spitz treten als Handpuppen hinter einem Spielschirm oder in einer improvisierten Bühne auf. (Z. B. im Türrahmen, hinter einem Bücherregal o. ä.)
Das Spiel könnte folgendermaßen ablaufen:
Der Briefbote steht mit einem Roller vor der Tür und klingelt. Dann klopft er kräftig an die Tür. Die Erzieherin beginnt mit dem Vortrag der ersten Strophe.
Die Tür wird geöffnet, der Briefträger fährt eine Runde. Die Erzieherin spricht den zweiten Vers, der Briefträger steigt ab,

stellt die Tasche vor die Puppenbühne und klopft noch einmal.
Sofort treten die Puppen auf und stellen sich feierlich in Reih'
und Glied. Nur dem Hund paßt diese Art von Disziplin nicht.
Seine feine Nase hat schon die Wurst aufgespürt, er bellt also
freudig.
Den dritten Vers spricht nun der Briefbote selbst, er überreicht
den genannten Puppen die Post. Nach „Adjö" hängt er geschäftig die Tasche wieder um, steigt auf und fährt mit dem Roller
hinaus.
Auf der Puppenbühne stehen die Mitglieder der Familie, winken
und rufen „Auf Wiedersehen!"
Nur der Hund hat schon seine Wurst ausgepackt.
(Man kann einen Wurstring basteln, den er sich um den Hals
hängt, oder eine lange Wurstkette, die er um die Familie herumschlingt oder auch selbst „verschlingt".)

Das Märchen vom Mohn

Erzählerin: Spricht den Prolog und alle Puppen
Puppen: Mohnprinzessin, Ritter, Mohnkuchen, Drache, Mohn-Dreikopf (nur Köpfe ohne Bekleidung)
Requisiten: ein Korb, eine Serviette, ein Mohnbrötchen, Mohnköpfe, ein Messer

Verlauf:
Erzählerin (trägt einen zugedeckten Korb): Kinder, ich bringe
euch etwas. Es ist hier im Korb. Möchtet ihr sehen, was das ist?
Ratet einmal! *(Die Kinder raten.)* ... Auch nicht! Ihr habt es
nicht erraten! Ich werde es euch zeigen. *(Langsam entfaltet sie
die Serviette, mit der der Korb zugedeckt ist, wirft einen Blick
hinein und nimmt dann eine Mohnsemmel heraus.)* Das ist ...
(die Kinder ergänzen), natürlich eine Semmel. Aber das ist keine
gewöhnliche Semmel, das ist eine Mohnsemmel. Sie wird mit
Mohn bestreut. Deshalb sind dunkle Körner darauf. Ihr kennt

solche Semmeln auch. Aber wißt ihr, Kinder, was Mohn ist? *(Die Kinder erläutern es.)* Ja, das sind die aus den Mohnköpfen ausgestreuten Körnchen. Ich habe euch einen Mohnkopf mitgebracht. *(Sie sucht im Korb, dann zeigt sie den Mohnkopf.)* Er ist auf einem Mohnfeld gewachsen, und als er reif geworden war – er und die übrigen Mohnköpfe – haben wir sie gepflückt, in Körbe gelegt und nach Hause getragen. Das war in den Ferien auf dem Lande. Ich zeige euch einmal, wie aus den Mohnköpfen der Mohn herausgeklopft wird. *(Sie nimmt ein Messer aus der Tasche, schüttelt den Mohnkopf, lauscht. Sie schneidet den Mohnkopf auf und schüttet den Mohn in die flache Hand.)* Seht, Kinder, das ist Mohn aus einem Mohnkopf. Gerade soviel, wie zum Bestreuen einer Semmel gebraucht wird. Aus allen Mohnköpfen, die wir von dem Feld mitgebracht haben, fielen „Märchen" heraus. Wir haben uns die Märchen erzählt, damit die Arbeit schneller getan wird. Ein Märchen habe ich für euch mitgebracht. Möchtet ihr es hören? *(Sie setzt sich hinter den*

Tisch, der Mohn fällt auf ein Papier und wird in der Tasche aufgehoben, auf den Schoß stellt sie den Korb, aus dem sie ständig die Köpfchen nimmt und sie wieder dorthin zurücklegt.)

„Es war einmal ein Mohnkönigreich. In einem Schlosse aus Mohnblättern lebte die Mohnprinzessin. *(Man setzt den Kopf der Prinzessin auf den bloßen Finger.)* So, hier ist unsere Prinzessin. Seht her, sie ist aus einem Mohnkopf und mit Mohn gefüllt. *(Zur Prinzessin):* Ich begrüße dich, Mohnprinzessin hast du gut ausgeschlafen?

Prinzessin (gelangweilt): Gut, aber ich habe Hunger.

Erzählerin: Dann mußt du essen, Prinzessin.

Möchtest du nicht vielleicht ein Mohnbrötchen?

Es ist frisch gebacken, knusprig und mit Mohn bestreut. *(Sie reicht das Brötchen der Mohnprinzessin. Diese besieht es von allen Seiten, stiebitzt den Mohn und wendet sich ab.)*

Prinzessin: Auf dem Brötchen ist wenig Mohn. Ich will lieber

einen Mohnkuchen. Oder eine Mohnbuchtel, die recht voll mit Mohn gefüllt ist!
Erzählerin: Aber Mohnprinzessin, ich habe nichts anderes. Nimm das Brötchen.
Prinzessin: Nein, ich will eine Mohnbuchtel, die recht voll mit Mohn gefüllt ist.
Erzählerin: Du bist eine wählerische Prinzessin! Nicht einmal dieses Brötchen ist dir gut genug.
Prinzessin: Ich möchte es nicht, nein und nochmals nein *(sie trotzt).*
Erzählerin: Mohnprinzessin, schäm dich! Die Kinder sehen dich, was werden sie von dir denken. Versteck dich und zeige nicht, wie böse du bist! *(Sie läßt die Mohnprinzessin verschwinden, ohne sie vom Finger abzunehmen. Am zweiten Finger bereitet sie den Drachen vor.)* Seht, Kinder, die Prinzessin ist naschhaft. Sie möchte nur die Leckerbissen aus Mohn essen. – Im ganzen Königreich benötigte man sehr viel Mohn und den meisten für die Prinzessin. Und einmal nahm der Koch des Schlosses das letzte Körnchen Mohn. Es blieb nur noch ein einziges Mohnbrötchen übrig. Das aber mochte die Mohnprinzessin nicht. Aber sie war nicht die einzige, die Mohn gern aß. In der schwarzen Grotte unterhalb des Schlosses wohnte ein Drache, der ebenso eigensinnig war.
Drache: Ist es bereits so, daß wir keinen Mohn haben? Ich bin der Drache Dreikopf und esse nur Mohn, Mohn, Mohn, Mohn. Schon seit drei Tagen habe ich nicht ein einziges Körnchen Mohn gegessen. Alles habe ich überprüft, aber alle Mohnköpfe im gesamten Königreich sind leer. Ich muß aber Mohn haben. Wie nutze ich meine drei Köpfe?
Prinzessin (kommt).
Drache (fröhlich): Ich sehe Mohn, viel Mohn.
(Er wendet sich zur Prinzessin hin und stutzt). Das ist lebendiger Mohn! Mohn, Mohn, dich werde ich auffressen.
Prinzessin: Aber, dreiköpfiger Drache, laß mich, laß sein. Ich bin keine Mohn, ich bin die Mohnprinzessin.

Drache: Prinzessin, hm, hm, Mohnprinzessin. Du duftest nach Mohn, das habe ich gern. *(Er besieht sie sich von allen Seiten.)* Sicher bist du ganz aus Mohn. Was ich schon habe, gebe ich nicht mehr her, ich werde dich auffressen.

Prinzessin: Laß mich leben, Drache. Ich gebe dir einen Sack voll Mohn.

Drache: Nein, nein, auf Versprechungen gebe ich nichts. Woher willst du soviel Mohn nehmen? Ich habe Hunger, und eine solches Mohngebäck, wie du es bist, habe ich noch nicht gefressen. Sicher gibt es nichts Besseres und Schmackhafteres als dich.

Prinzessin: Hast du schon Mohnkuchen gegessen?

Drache (erstaunt): Nein!

Prinzessin: Und hast du schon eine Mohnbuchtel gegessen?

Drache: Nein, auch nicht!

Prinzessin: Und Mohnstrudel kennst du auch nicht?

Drache: Was ist das?

Prinzessin (geringschätzig): Du bist ein vollkommen dummer Drache. Wie kannst du im Mohnkönigreich leben, wenn du das alles nicht kennst?

Drache (verärgert): Sei nicht gekränkt, Prinzessin. Von Jugend an lebe ich vom Auspicken der Mohnköpfe. Ich bin klüger als alle Mohnköpfe im gesamten Königreich. Damit du weißt, wer ich bin, schenke ich dir das Leben, wenn ich als Ersatz für dich einen Leckerbissen aus Mohn erhalte, der noch appetitlicher und schmackhafter ist, als du es bist. In drei Tagen komme ich, um ihn zu holen. *(Er „fliegt" weg — bleibt aber an der Hand.)*

Prinzessin (weint): Ach, ich bin eine bemitleidenswerte Prinzessin. Wer schützt mich, wo? *(Sie geht ab. — Austausch gegen die Puppe des Ritters.)*

Erzählerin: Das war schlecht. Im Schloß haben sie alle Winkel ausgekehrt, ob nicht hier und dort irgendwelche verlorenen Körnchen Mohn seien, aber nirgends war etwas zu finden. Im gesamten Reich wurde es von den Waffenträgern ausposaunt:

Tramtara, tramtara, helft die Prinzessin retten. Der schauderhafte Drache Dreikopf will unsere allergnädigste Mohnprinzessin fressen. Wer sie vor diesem Unglück schützt, erhält die Prinzessin zur Frau und mit ihr das gesamte Mohnkönigreich. — Die Waffenträger durchritten das Königreich kreuz und quer, aber nirgendwo fand sich ein Mensch, der die Prinzessin hätte schützen können. So kam der dritte Tag. Der Drache flog herbei *(kommt; hinter ihm der Ritter)* und plötzlich, wie vom Himmel gefallen —, der Ritter Mohnkuchen. Der einzige aus dem ganzen Königreich, der sich an den Drachen Dreikopf heranwagte.
Drache: Ich habe Hunger, habe dreifachen Hunger. Wo ist der versprochene Leckerbissen? Wo ist die Prinzessin? Mohn, Mohn, wo bist du?
Ritter: Ich bin hier, ich komme, um mich mit dir zu schlagen!
Drache: Nur nicht so ungestüm, mein Lieber. Ich raufe mich nicht gern. Besonders jetzt nicht, da ich vor Hunger geschwächt bin. Erst wenn ich einen Sack Mohn aufgepickt habe, werde ich kräftig sein, und dann können wir gemeinsam kämpfen. Wo ist der Mohn? Wo ist die Mohnprinzessin? Ich habe einen mächtigen Hunger. Ich fresse die Prinzessin und danach auch dich.
Ritter: Drache, hast du nicht mit der Prinzessin eine Abmachung getroffen, daß du ihr das Leben schenkst, wenn du einen schmackhafteren Bissen bekommst? Hast du das so versprochen?
Drache: Selbstverständlich, das habe ich versprochen. Warum sollte ich mich abmühen, die Prinzessin zu fressen, wenn ich etwas Besseres haben kann. Was für einen Leckerbissen hast du für mich?
Ritter: Ich habe hier etwas, ... etwas, was im Mohnkönigreich sehr kostbar und geschätzt ist. *(Er bringt ein Mohnbrötchen.)* Hast du schon jemals so etwas gesehen? *(Er zeigt das Brötchen.)*
Drache: Das ist, das ist ... *(Er hüpft um das Brötchen herum und bepickt den Mohn.)* Das ist ein herrliches Mohngebäck!

Ritter: Warte ab, Drache, ehe du es bekommst, müssen wir zwei uns verständigen. Ich werde dir das Brötchen geben, aber du wirst mir versprechen, daß du die Mohnprinzessin in Ruhe lassen und sie niemals mehr belästigen wirst.
Drache: Das verspreche ich gern, ein solches Mohnbrötchen ist das wert. Du hast mein Drachenehrenwort. Gib mir nur schnell das Mohnbrötchen!
Ritter: So nimm das Brötchen, und daß ich dich hier niemals wiedersehe! *(Er gibt das Brötchen dem Drachen, der damit davonfliegt. Beide Puppen verschwinden, der Drache wird heruntergenommen und an dessen Stelle die Prinzessin aufgesetzt.)*
Erzählerin: Die Mohnprinzessin wurde gerettet. Der Ritter erhielt das Mohnkönigreich und bereitete die Hochzeit vor. *(Prinzessin und Ritter kommen.)* Aber was für eine Hochzeit würde es sein ohne Mohnkuchen? Den letzten Mohn hatte der Drache zusammen mit dem Mohnbrötchen aufgepickt, und so haben alle darauf gewartet, bis der Mohn blüht und reift, bis die Mohnköpfe ausgeklopft werden. Dann erst fand die feierliche Hochzeit statt. Die Prinzessin war nun nicht mehr naschhaft. In der Zeit, als man im Mohnkönigreich keinen Mohn hatte, lernte sie, alles zu essen. Auch Brötchen. Und wenn es notwendig war, auch ohne Mohn.

Spiel mit Solopuppen

Der Dichter und sein Papagei

Eine Erzieherin spielt den Dichter, eine andere mit einer Handpuppe den Papagei. Sie sucht sich eine „Spielleiste", zum Beispiel benutzt sie die Kante eines Tisches, eine Stuhl- oder Sessellehne oder ein Bücherregal. Die Puppenspielerin sollte nicht zu sehen sein, dann erst kommt die Komik des sprechenden Papageis voll zur Wirkung. Der Papagei ist hier die „komische" Person, er muß auch einmal krächzen, eine „verfremdete" Stimme haben. Der Dichter ist empört über die Störungen. Während er spazierengeht, dichtet er. Er zeigt dem Papagei, was er sieht, und übt sich dabei im Reimfinden. Der Papagei kommt ihm aber immer mit der zweiten Zeile zuvor. Er muß sie schnell und aufdringlich vortragen.

Dichter: Sieh, hier ist die Fliege Schmiege ...
Papagei: Die freß' ich, wenn ich sie kriege.
Dichter: ... die surrt um eine Ziege.
Dichter: Sieh da, die Henne Hanne ...
Papagei: Die will nicht in die Pfanne.
Dichter: ... scharrt unter einer Tanne.
Dichter: Da hoppelt Hase Hose ...
Papagei: Was soll der in der Soße?
Dichter: ... hat „Löffel", zwei ganz große.
Dichter: Dort schleicht die Katze Fratze ...
Papagei: Paß auf, wenn ich sie kratze!
Dichter: ... mit ihrer weißen Tatze.
Dichter: Dort fliegt die Mucke Mücke ...
Papagei: Die reiß' ich gleich in Stücke!
Dichter: ... ich zittre, wenn ich sie erblicke
Nun hat der Dichter erfahren, daß der Papagei schnell einen passenden Reim finden kann, und läßt ihn mitspielen. Er sagt dem Papagei ein paar freundliche Worte und fordert ihn auf, recht manierlich die zweite Zeile zu dichten.
Dichter: Dort läuft der Wolf der Wölfe ...
Papagei: Jetzt schlägt es aber zwölfe!
Dichter: Dort rennt der Dackel Tuckel ...
Papagei: Der braucht noch einen Nuckel.
Der Papagei krächzt mißbilligend; er hat nun genug vom Dichten und zieht sich zurück.
Der Dichter fordert die Kinder auf, beim Dichten zu helfen. Das Spiel kann beliebig fortgesetzt werden.

Dort läuft eine Maus,
sie sucht ihr ...
Da sitzt der Hahn,
der kräht, was er ...
Der Frosch sitzt am Teich,
und quakt so ...
Jetzt kommt ein Huhn,
es hat viel zu ...

Kätzchen will Fliegen fangen

Ist's nicht zum Lachen?
Kätzchen will Fliegen fangen
und weiß es nicht zu machen.   *(Kätzchen guckt*
Immer summ und immer brumm,   *heraus*
dicht um Kätzchens Nas' herum.   *schlägt nach den Flie-*
Wie es greift und wie es grapst,   *gen, will sie fangen*
immer hat's vorbei gehapst.   *schlägt wild und*
                                      wilder
Immer summ und immer brumm,   *schaut um sich*
Kätzchen springt um sich selbst herum.   *springt um sich selbst*
Auf einmal sitzt es ganz still und guckt, *sitzt still rücklings*
nur das weiße Schwänzchen zuckt.   *Schwänzchen zuckt*
Warte nur, Fliege, jetzt muß es glücken. *dreht sich seitlich*
                                      Luftsprung
Ein Luftsprung.
Ätsch, da liegt's auf dem Rücken,   *Rückenlage*
Immer summ und immer brumm,   *schlägt erneut*
Kätzchen springt um sich selbst herum. *dreht sich springend*
Liebes Kätzchen, nimm's nicht krumm, *gibt auf*
                                      steckt Zunge heraus
aber du bist furchtbar dumm.   *schleckt sich ab*
Summ, summ, summ,   *wendet sich um*
furchtbar dumm.   *ab in die Bühne)*

249

Puppe: Handschuhpuppe Kätzchen
Spielgeräte: Bauchladenbühne
Die Spielerin illustriert das Gedicht mit den Aktionen der Puppe. Zunächst sollen die Kinder das Gedicht nur anhören und überlegen, wie sie selbst es spielen würden. Das Kätzchen ist vorhanden, aber wie sollen die Fliegen dargestellt werden? Man einigt sich auf die akustische Lösung. Alle summen probeweise im Chor. Ist der Chor zu laut, darf nur die erste Reihe der Zuschauer summen.
Die Spielerin setzt sich bereit, mit dem Kätzchen auf der rechten Hand. Erst bei der vierten Zeile wird das Kätzchen sich zeigen, und dann soll der Fliegenchor einsetzen.
(Unter dem Katzenschnurrbart hat die Spielerin einen kleinen Schlitz gemacht. Eine Fingerkuppe bildet die Zunge.)

Girlandia, die fliegende Schlange, oder Der Schlangenbeschwörer Dudadidei

Diese musikalische Nummer mit einer selbstgebastelten Papiermarionette kann von der Erzieherin auch gut in ein Zirkusprogramm eingefügt werden.

Bastelanleitung: Von einer Papiergirlande genügt eine Gesamtlänge von 90 cm (ausgezogen). Der Perlonfaden, auf dem die Girlande aufgezogen ist, darf nicht entfernt, sondern erst später gekürzt werden. Das Ende (Schwanzteil) wird mit einer Pappe verstärkt, der obere Teil (Kopf) ebenfalls aus Pappe geschnitten und lustig ausgestaltet (flach lassen), zum Beispiel mit Buntpapier beklebt, mit Augen und Zunge versehen usw.

Ein Stöckchen, etwa 20 cm lang, dient zur Führung. Unsere Marionette bekommt vier Fäden. Der vorhandene Faden wird durch die Mitte vom Pappteil des Kopfes gefädelt und mit einem Ring befestigt. Vorn und hinten am Kopf ist je ein Faden angebracht, die Fäden werden vorn und hinten am Holz verknüpft. Etwa im zweiten Drittel des Körpers — am Hinterteil — wird der Steißfaden verknotet. (Die Girlande wird mit einem Pappstückchen oder Klebestreifen befestigt.) Dieser Faden wird vom Spieler betätigt, wenn sich die Marionette verbeugen soll. Zieht man den Mittelfaden, schiebt sich die Girlande in Richtung des Kopfes zusammen. So entsteht ein äußerst komischer Effekt. Die Schlange fliegt, wenn sie schnell genug geschwenkt wird (zum Beispiel, wenn sich der Spieler um die eigene Achse dreht), Steiß- und Mittelfaden haben dann keine Funktion. Den Steißfaden führt der Spieler am besten mit der linken Hand am Ring. Will er den Mittelfaden bedienen, schiebt er den Ring über das Ende des Rundstabes. Es kann auch eine Schlange gefaltet werden.

(Siehe F. W. Becker: Basteln im Vorschulalter. Volk und Wissen Volkseigener Verlag, Berlin 1977, Seite 161.)

Spielanregung: Auf dem Fußboden steht ein Korb oder ein Gefäß. Es wird mit einem Tuch oder Deckel verschlossen. In ihm liegt schon die Marionette, das Rundholz obendrauf. Eine Erzieherin spielt auf der Blockflöte. (Zum Beispiel „Zum Gehen". H. G. Mareck. In: Vorschulkinder hören Musik. Volk und Wissen Volkseig. Verlag., Bln. 1977, S. 10.) Der Schlangenbeschwörer nimmt das Rundholz auf. Die Schlange „erwacht", springt aus dem Korb und verbeugt sich vor den Zuschauern. Dann tanzt sie und schlängelt sich, schnurrt zusammen bei lebhaften Sprüngen, und schließlich „fliegt" sie sogar eine Runde. Langsam beruhigt sie sich wieder und landet endlich wieder im Korb, wo sie zusammensinkt und zugedeckt wird.
Soll es einmal ganz turbulent zugehen, kann der Schlangenbeschwörer auf den Tisch steigen (in Strümpfen) und die Schlange allerlei ausgelassene Späße treiben lassen.

Der kleine Regenwurm

Bei Regenwetter und bei Sturm
da wollt' ein kleiner Regenwurm
die Straße überqueren;
er ließ sich nicht belehren.
Die Mutti sagte: *Bleibe hier!*
Jedoch das kleine dumme Tier
gab nichts auf diese Stimme;
und das war grad' das Schlimme.
Die Straße ist ein Tummelplatz
zur Not vielleicht noch für den Spatz,
denn solch ein Spatz kann fliegen
und ist nicht leicht zu kriegen.
Der kleine Wurm ist schlechter dran,
weil doch ein Wurm nicht fliegen kann;
war noch so jung an Jahren –
er wurde überfahren.

Bastelanleitung: Aus festem Papier werden acht Röllchen gedreht und geklebt. Gut eignen sich braune Klebestreifen als Hülle. Von einem rosa Trinkröhrchen aus Plast dient ein Stückchen als Schwanzteil, ein geknicktes Stückchen als Kopf. Ein Bindfaden wird mit starkem Knoten versehen und durch die Röllchen geschoben, dann am Kopf befestigt. Ein Führungsfaden genügt. Ein Ende wird vor dem Schwanzteil, das andere hinter dem Kopfteil verknotet. Den Marionetten-Regenwurm nicht vermenschlichen (Augen oder andere Details vermeiden!), denn diese Szene soll als heitere Warnung von den Kindern verstanden werden.

Das kleine Spiel kann als Belohnung für gutes Lernen bei der Verkehrserziehung im Anschluß dargeboten werden, aber auch in anderem Zusammenhang. Die Erzieherin muß sich das Gedicht gut einprägen, damit sie sich voll auf die Führung der Marionette und ihre Gruppe konzentrieren kann. Sie sollte – quasi als „Mutter des Wurms" — die Warnung betonen: Bleibe hier! Außerdem die vier Zeilen, die den Spatz betreffen.

Die Kindergruppe sitzt ihr gegenüber am Tisch. Zwei Kreidestriche oder ein Papierstreifen markieren die Straße. Beim gemeinsamen Basteln des Regenwurms kann der „Chor" schon proben.

Gebraucht werden folgende Geräusche: Sturm – Anfahren des ersten Autos und Quietschen der Bremsen – das „Tatütata" der Feuerwehr oder des Krankenwagens.

Der Chor beginnt also mit dem Sturmgebraus. Dann beginnt die Rezitation. Schön wäre es, wenn die Erzieherin weiße Handschuhe trüge, es können aber auch andersfarbige Stoffhandschuhe sein. Sie faßt mit der rechten Hand den Faden und läßt den Wurm auf der linken Handfläche spazieren. Bei der Anrede hebt er den Kopf zur Sprecherin hin. Bei den letzten vier Zeilen führt die Erzieherin die kleine Marionette über die Straße, das heißt nur bis zur Straßenmitte, dann braust das Auto *(Chor!)* heran, und sie läßt den Faden fallen. Nun liegt der Wurm, ohne sich zu rühren. Mit den Handschuhhänden spaziert die Spielerin an der Tischkante eilig zur Unglückstelle, die „Sanitäter" führen eine Trage (Stück Pappe) mit und legen den Wurm behutsam hinauf. Der Abtransport kann vom Chor wieder mit „Tatütata" begleitet werden. Die Kinder können auch ihre Spielautos verwenden. Spaßiger und wirksamer ist die Beschränkung auf die Geräusche. (Mit einer Girlande könnte der „Wurm" auch dargestellt werden. Sie müßte dann – im Moment des Überfahrens – zusammenschnurren in ihre ursprüngliche Form.)

Der beste Sänger

Wer ist der beste Sänger in der Gruppe? Das wißt ihr nicht? Da wird es aber Zeit, einen Wettstreit zu veranstalten. Viel Spaß dabei gibt es mit einer *Solopuppe in der Bauchladenbühne.*
Auf einem Stuhl steht diese kleine Bühne bereit, daneben, gut sichtbar, die *Handpuppe: ein Frosch mit Klappmaul.*

Der beste Sänger der Gruppe beginnt. Alle Teilnehmer hören genau zu, sie sollen ja zum Schluß beurteilen, ob das Kind oder der Frosch besser gesungen hat.
Die Puppenspielerin läßt das Kind, das ein Lied vorgetragen hat, neben sich Platz nehmen und beginnt nun mit dem Spiel nach folgendem Text:

Der beste Sänger
Sinkt am Abend der Sonnenball, *(1)*
schweigen im Busch die Vögel all'. *(2)*
Dann wird es munter am Teich. *(3)*
Plitsch, platsch, zeigt sich sogleich *(4)*
Quakus im grünen Frack. *(5)*
Streicht sich die Hemdbrust glatt, *(6)*
Kratzfuß! – atmet sich satt *(7)*
und singt: quak quak quak quak – *(8)*
und winkt. *(9)*
Hockt der Frosch im Dämmerschein, *(10)*
will der beste Sänger sein. *(11)*
Drum quakt er lauter noch als laut. *(12)*
Im Nest den armen Vöglein graut. *(13)*
Quakus im grünen Frack *(14)*
streicht sich die Hemdbrust glatt, *(15)*
Achtung! – atmet sich satt – *(16)*
Fliege verschluckt: qurrk qurrk qurrk qurrk – *(17)*
und spuckt. *(18)*

Zeile 1, 2 und 3: Die rechte Hand mit der Froschpuppe ruht noch in der Bühne, spielbereit
Zeile 4: bei „plitsch, platsch" steigt Quakus auf die Spielleiste
Zeile 5: springt vor und zurück, präsentiert seinen Frack
Zeile 6: richtet sich auf, streicht mit dem Vorderbein über die hellgelbe Hemdbrust
Zeile 7: verbeugt sich linkisch, reißt das Maul auf
Zeile 8: singt – Maul auf, Maul zu

Zeile 9: und winkt den Kindern zu.
Zeile 10: Er hockt wieder auf der Spielleiste
Zeile 11: richtet sich auf, spreizt sich.
Zeile 12: Hockstellung und Sprung auf der Leiste.
Zeile 13: Er starrt mit schiefem Kopf nach oben
Zeile 14: wendet sich dem Publikum zu
Zeile 15: streicht über die Hemdbrust.
Zeile 16: Spielerin zeigt auf Fliege, Frosch holt Luft
Zeile 17: verschluckt Fliege, „röchelt" mit Fliege im Schlund
Zeile 18: dreht sich ratlos zur Spielerin, speit aus.
Die Spielerin zuckt zusammen, die „angenommene" Fliege traf die linke Wange. Mit spitzen Fingern greift sie danach und setzt die Fliege auf den linken Rand der Bühne. Da schnappt Quakus gierig zu und klemmt Daumen und Zeigefinger der Spielerin ein. Endlich kann die Spielerin die Finger aus dem Froschmaul ziehen. Quakus „mampft" mit Wohlbehagen die Fliege, indem er sich in die Bühne zurückzieht.
Spielanleitung: Die Sprache muß rhythmisch den Gesten der Handpuppe angepaßt werden, es dürfen Pausen entstehen, wenn die Aktion der Puppe danach verlangt.
Das „quak quak" in der ersten Strophe sollte laut, aber nicht „schön" gesungen werden.

Ursache und Wirkung

Vor einer klappernden Windmühle stehen Vater und Kind.
Der Vater erklärt seinem Kind nebenbei,
daß dies also nun eine Windmühle sei.
„Ach so", spricht das Kind,
„und die macht den Wind!?"

Dieses Gedicht illustrieren wir mit einem farbigen Handschattenspiel. Wir brauchen dazu:

Die Windmühle: Sie wird auf Pappe aufgemalt (ohne Flügel) und ausgeschnitten. In einem Papiergeschäft kaufen wir eine Spielzeugwindmühle und befestigen die Pappe am Holzstock.

Das Kind: Wir besorgen uns ein Bündel Luftballons. Ein runder, roter Luftballon wird nicht zu prall aufgeblasen und unten mit einem Knoten verschlossen. Mit Lenkerband oder einem kleinen Streifen Leukoplast kleben wir dem kleinen Mädchen eine Haarschleife auf dem Kopf fest. (Nur leichtes, hauchdünnes Material verwenden, zum Beispiel Dederon.) Solch eine farbige Schattenfigur ist nur wenige Tage zu verwenden; falls sie platzt, muß Ersatz bereitliegen. – Die Hand der Spielerin bildet die Figur, das heißt den Körper. Die „unnatürlichen" Proportionen sind gewollt, unterstreichen die Komik.

Der Vater: Ein blauer länglicher Luftballon wird aufgeblasen und verknotet. Eine Hut- oder Mützenkrempe wird aus Pappe geschnitten und übergestreift. Ein Bart, eine Fliege oder andere Details können den Vater charakterisieren.

Der Vater kann mit der zweiten Hand einen Zeigestock auf die Mühle richten, das betont die Wichtigkeit seiner Erklärung, und die Schlußpointe wirkt dann doppelt vergnüglich.

Selbstverständlich sind auch bei dieser Figur die Proportionen stark abstrahiert, wenn Körper und Arm die gleiche Größe haben.

Man sollte die sechs Zeilen voll ausspielen. Zunächst könnte – bevor die Leinwand beleuchtet wird – schon das Klappern der Mühle zu hören sein. Dann zeigt man im Licht eine kleine Weile die Mühle, die ein Spieler in der Mitte der Spielleiste hält und durch Pusten oder einen Mechanismus (Schnappgummi) antreibt. Vater und Kind kommen erst auf die Bühne, wenn die Sprecherin mit ihrem Vortrag beginnt.

Je stärker die Lichtquelle ist, desto intensiver erscheinen die Farben auf der Leinwand. Ein Bildwerfer eignet sich gut.

Die drei Schnecken

Eine Schnecke sah beim Wandern
einen Pilz am Wege stehn.
Und sie hätte gar zu gerne
einmal in die weite Ferne
von des Pilzes Dach gesehn.

Doch er schien der kleinen Schnecke
als ein Berg, gar steil und hoch.
„Ob der Aufstieg mir wird glücken?
Mit dem Haus auf meinem Rücken?"
dacht' sie und begann ihn doch.

Ach, das war ein mühsam Wandern,
wie man sich ja denken kann.
Doch zu ihrem frohen Schrecken
traf sie noch zwei andre Schnecken
auf des Pilzes Gipfel an.

Und sie schauten nun gemeinsam
in der Ferne recht sich um.
„Ja, ja, Mut gehört zum Wandern",
sprach die eine zu der andern,
„wer nicht reist, bleibt ewig dumm!"

Material: Bilderrahmen, Reißbrettstifte, Leinen (alter Kopfkissenbezug oder Laken), Perlonfaden
Bastel- und Spielanleitung: Ein leerer Bilderrahmen wird mit Leinwand bespannt. Ist die obere Leiste sauber abgespannt, wird die Leinwand befeuchtet, um Faltenbildung zu verhindern. Erst dann wird die Leinwand an der unteren Leiste befestigt. Ist der

Rahmen leicht und nicht zu groß (zum Beispiel 32 cm × 42 cm), läßt sich leicht aus einem Schuhkarton ein Ständer bauen. Ein Perlonfaden, über die Längs- oder Querseite gespannt, dient zur Befestigung von Dekorationen. Als Lichtquelle können eine Taschenlampe, die hell genug ist, eine Fotolampe oder der Bildwerfer benutzt werden. Den „Pilz" für unser Gedicht schneiden wir aus Pappe aus. Es genügt der obere Teil, die Kappe, die wie ein Berg erscheint.

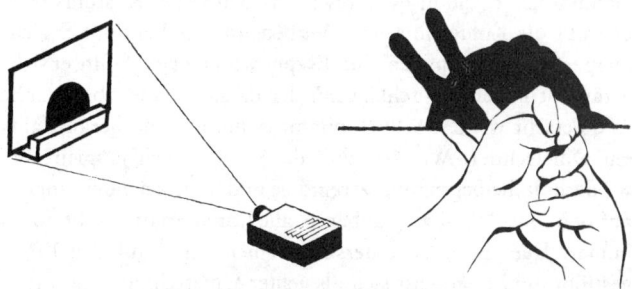

Zwei Kinder spielen mit ihren Händen die Schnecken. *(Man sollte sich mit zwei Exemplaren begnügen. Dann die Überschrift ändern!)* Die Spieler üben zunächst die Haltung der Hände, dann das „Kriechen" der Schnecken auf der Spielleiste.
(Eine „Schnecke" kriecht von rechts nach links, eine von links nach rechts). Danach werden der Aufstieg auf den „Berg" und das Ausschauhalten oben auf dem Gipfel geübt.
Die Erzieherin liest das Gedicht ab.
Der Pilzberg muß vorbereitet sein, wenn das Licht eingeschaltet wird. Eine Schnecke kommt von rechts gewandert, sieht den Berg, erschrickt und zieht die Fühler ein, verkriecht sich im Haus. Dann aber guckt sie neugierig heraus und beginnt die Wanderung (Zeile 8).
Sehr langsam klettert sie hinauf. Nun kommt ihr von der anderen Seite die zweite Schnecke entgegen. Man trifft sich oben und guckt sich lebhaft um. Bei „bleibt ewig dumm!" rutschen die Schnecken den Berg hinab.

Clown Bimbambum

Puppe: Handpuppe Baby
Spielgeräte: Zymbeln, Mundharmonika, Triangel usw., Kindertelefon, Quietschpuppe, Babyflasche
Clownkostüm: Clownjacke, Strumpfhose, Quietschhut

Der Clown schlägt bei seinem Auftritt dreimal die Zymbeln. Dann stopft er sie in die großen Taschen seines Kostüms und begrüßt die Kinder mit einer Verbeugung. Dabei tippt er sich temperamentvoll auf den Hut. Es quietscht im Hut. Sollte er sich getäuscht haben? Er schlägt mit der flachen Hand obendrauf, es quietscht wieder. Schnell nimmt er ihn ab, und heraus fällt ein Quietschtier. Wer hat ihm da einen Streich gespielt? Er wiederholt die Begrüßungszeremonie und tippt sich noch einmal auf den Hut. Nicht zu glauben – alle hören: es quietscht noch immer. Der Hut wird untersucht, einem Kind auf den Kopf gestülpt, und er erweist sich als echter Quietschhut. Das kann den Clown nicht stören, es ist ja eine musikalische Nummer geplant.
Ob die Kinder singen können? Dumme Frage.
Sie werden gemeinsam das Liedchen üben. Zunächst den Text:
Bim – bam – bum,
ein schöner Tag ist um.
Das Kind wird jetzt zu Bett gebracht,
wir wünschen eine gute Nacht.
Bim – bam – bum,
ein schöner Tag ist um.
Während des Singens und Übens ertönt irgendwo im Raum leises Babygeschrei. Mit zwei Kindern übt der Clown das Schlagen der Triangel und der Zymbeln. Da rasselt in der Tasche des Bimbambum ein Telefon. Der Clown zieht es heraus, nimmt den Hörer ab. Ein Volkspolizist erkundigt sich, ob ein Baby gefunden wurde. Eine Mutti vermisse es im Kinderwagen und habe um Hilfe gebeten.

Wieder erklingt das leise Babystimmchen. Der Clown verspricht dem Volkspolizisten, die Mutti zu unterstützen. Sie solle sich zu ihm auf den Weg machen.

Das Telefon wird hingestellt, und nun lauschen alle, aus welcher Richtung das Geschrei kommt. Der Clown geht suchend durch den Raum, bleibt neben seinem geöffneten Koffer stehen. Vorsichtig hebt er den Deckel und traut seinen Augen kaum: im Koffer liegt das Baby. Er nimmt es in den Arm und fragt die Kinder um Rat. Wer hat ein Baby zu Hause und weiß, warum so ein Kleines schreit?

Ein Kind kommt nach vorn und gibt dem Baby das Fläschchen. Wird es nun ruhig bleiben? Nein, es schreit wieder. Es wird untersucht, ob die Windel trocken ist. — Ja. — Was hat es nur? Vielleicht ist es müde. Das Kind nimmt nun das Baby in den Arm, und alle anderen singen leise das Schlafliedchen. Schön im Rhythmus und behutsam spielen die Kinder auf den Instrumenten mit. Als die Mutti an der Tür klopft, wird sie hereingebeten, denn das Baby ist inzwischen eingeschlafen. Die Kinder freuen sich, daß sie das Baby beruhigt haben, und es wird der Mutti zurückgegeben.

Anfertigung der Puppen und Kostüme:
Baby: Textilkopf aus Schlauchbinde, Strumpftrikot (häkeln oder stricken auch möglich) oder Wollknäuel, *Augen* (Knöpfe). *Hemd* (Halbkreis ausschneiden, Fäustlinge aus Filz nähen.) Am Hemd oben einen dritten Fingerling befestigen, in den der Kopf gesteckt werden kann.

Der Clown Beppo und das neue Klavier

Marionette: Clown (oder Kasper)
Spielgeräte: Spielzeugklavier, Klaviersessel, Tisch als Bühnenboden, Stuhl mit Lehne für die Balance-Übung (Kinder können auch einen Stab halten).

Die musikalische Nummer könnte
in Episoden ablaufen:
1. *Beppo liegt auf dem Tisch
neben Klavier und Sessel.* Die
Spielerin nimmt das Führungs-
kreuz in die rechte Hand, ruft
Beppo zu, er habe genug geschlafen
und *solle seine neue Nummer
üben.* Beppo springt auf, soll die
Kinder begrüßen. Die Spielerin
führt ihn bis an die Tischkante,
Beppo läuft zu weit und landet
auf dem Fußboden. Er geht zurück. –
Noch einmal. – Beppo marschiert
wieder über den Tisch nach vorn,
stolpert wieder hinab. Nun fordert
die Spielerin die Kinder auf, rechtzeitig „Halt" zu rufen. Beppo hört
auf sie und verbeugt sich.
2. *Beppo soll Klavier spielen lernen.*
Die Spielerin führt ihn zum
Klavier. Er setzt sich umständlich
auf den Sessel, klappt den Deckel
hoch. Zuerst will sie ihm zeigen,
wie man spielen muß. Mit einem
Finger der linken Hand spielt sie
die Melodie des Liedes „Fuchs, du
hast die Gans gestohlen..."
(Die Noten innen auf dem Deckel an-
bringen.) Beppo hangelt sich hoch,
starrt die Noten an, setzt sich
oben auf das Klavier und klimpert
mit den Füßen auf der Tastatur
herum.
Nein, so wird das nichts!

3. Beppo soll erst einmal *zeigen, was er schon kann: Akrobatik.*
Zusammenklappen nach vorn – nach hinten. Beifall! Dann soll
er auf der Stuhllehne oder Balancierstange balancieren. Er zittert, macht zwei Schritte, rutscht in den Reitersitz und läßt den
Kopf entmutigt baumeln. Wieder hoch, Schritt für Schritt, ja,
er erreicht sein Ziel. Dafür wird er belohnt. Die Spielerin setzt
sich, er rutscht vom Knie hinab auf den Schuh und wird geschaukelt. Das wiederholt sich.
4. Nun soll er aber doch noch *Klavierspielen üben.* Er ziert sich,
wirft sich über den Sessel und strampelt mit den Armen. Dann
endlich sitzt er brav am Klavier, die Hände auf die Tasten gelegt.
Und wirklich: er spielt, spielt wunderbar! Meisterhaft! Aber
merkwürdig, das Spiel gelingt auch, als er auf dem Klavierdeckel
herumtrommelt, ja sogar auf dem Tisch. Erschöpft sinkt der
Clown zusammen, läßt den Kopf über die Tischkante hängen.
Die Musik (Tonband) wird abgestellt, und den Kindern wird
erklärt, daß man das Klavierspielen nicht auf einmal erlernen
kann. Beppo wird behutsam fortgetragen.
(Anmerkung: An Stelle des Klaviers kann auch das Xylophon
oder ein anderes Instrument eingesetzt werden.)

Improvisationen

Die Bremer Stadtmusikanten
*(Stegreifspiel nach Motiven
des gleichnamigen Märchens der Brüder Grimm)*

Wer spielt mit:
Erzählerin
Die alten Tiere: Rotkopf (Hahn), Bartputzer (Katze), Packan
(Hund), der Graue (Esel)
Die Räuber: Röhre (Räuberhauptmann), Holzauge (1. Räuber),
Krummbart (2. Räuber), Zwiebel (Räuberfrau)

Kleine Spielanleitung: Dieses Spiel sollte ohne vorherige Probe improvisiert werden. Die Erzieherin übernimmt die Rolle der Erzählerin. Gleichzeitig sollte sie das Spiel der Kinder ihrer Gruppe lenken, ohne den originellen Witz der Kinderdarsteller zu dämpfen.
Vorbereitet sein müßten in Zusammenarbeit mit der Gruppe die charakteristischen Kostüm-Elemente. Die Tiere bekommen Kappen (alte Mützen verwenden!) mit Ohren, die hängen können und sich aufrichten lassen. Die Kappe des Hahnes wird mit einem roten Kamm geschmückt. Der Räuberhauptmann setzt einen alten Hut auf, seine Frau kann eine Zwiebelkette oder Zwiebelohrringe tragen. „Holzauge" ziert eine schwarze Augenklappe, und „Krummbart" hat sich eine Pappnase umgebunden, unter der ein großer Bart sitzt.
Bei der Anfertigung der Kostüme muß die Rollenbesetzung schon feststehen. Die übrigen Kinder der Gruppe befestigen auf der alten Decke, die das Dach des Räuberhauses andeutet, Papierstreifen als Fenster. Sie bereiten Bündel für die Räuber vor. Außerdem legen sie alle Instrumente bereit, die das Musizieren der Tiere begleiten können (Triangel, Klanghölzer, Zymbeln, Topfdeckel usw.)
Kein Kind der Gruppe darf ohne Aufgabe bleiben. Die Vorbereitung schon muß allen Spaß bereiten.

Vorspiel
Erzählerin: Es war einmal ein geiziger Müller, der besaß einen fleißigen Esel. Viele Jahre hatte der Graue unverdrossen die Säcke zur Mühle getragen. Nun aber gingen seine Kräfte zu Ende, denn er ward alt. Zum Dank ließ der Müller den Knüppel durch die Luft sausen und trieb den guten Esel davon.
(Zur Gruppe gewendet): Hört ihr sein klägliches ...?
(Das Kind mit hängenden Eselsohren wird herangeführt und in den Kreis gestoßen.)
Esel: I – aah! I – aah! *(trabt eine Runde und stellt oder hockt sich in die Mitte des Kreises).*

Erzählerin: Nicht weit von der Mühle lebte ein Bauer. Sein Hund taugte nicht mehr zur Jagd, denn er war alt geworden und fühlte sich von Tag zu Tag schwächer. Da wollte der Bauer ihm kein Futter mehr geben und warf so lange mit Steinen, bis er den treuen Packan vom Hofe verjagt hatte.
Hört ihr sein klägliches...?
(Das Kind mit Schlappohren flieht in den Kreis.)
Hund: Au – wauwau! Au – wauwau!
(stolpert eine Runde und drängt sich an den Esel).
Erzählerin: In der Nähe aber wohnte eine Bäuerin, die war böse auf ihre Katze. Nach und nach wurden dem Bartputzer die Zähne stumpf, und sie setzte sich lieber hinter den Ofen, als Mäuse zu jagen. Die Bäuerin wollte die arme alte Katze ertränken, doch die hatte Wind bekommen und entfloh.
Hört ihr das traurige...?
(Das Kind mit heruntergeklappten Ohren schlüpft in den Kreis.)
Katze: O – miau mioo! O – miau mioo!
(sie schleicht eine Runde dahin und gesellt sich zu den beiden Tieren).
Erzählerin: Da stand am Wege noch ein Haus, in dem wohnte eine hartherzige Frau. Als sie hörte, daß der Haushahn gut Wetter prophezeite, wollte sie ihn gleich der Köchin ans Messer liefern. Die Sonntagsgäste sollten eine herrliche Suppe schnabulieren. Aber der Rotkopf bekam es mit der

Angst zu tun und flog – brrr – über den Zaun. Hört ihr? Er schreit aus vollem Halse...
(Das Kind mit dem hängenden Hahnenkamm flattert in den Kreis.)
Hahn: Kikeriki! Kikeriki! *(stolziert eine Runde, sucht Schutz bei den Tieren).*

Erste Szene
(Die Tiere betrachten einander wohlwollend.)
Esel: Iaah... ich grüße euch, lieber Packan, guter Bartputzer, stolzer Rotkopf.
Alle (antworten traurig): Wauwau, Wauwau... Miau, Miau... Kikeriki, Kikeriki!
Esel: Freunde, laßt nicht die Ohren hängen!
(Richtet seine steil auf.) Sind wir in Ehren alt geworden, haben wir uns einen lustigen Feierabend verdient.
Hund: Mein Magen ist leer, wau – da kann ich nicht lustig sein, au! *(Heult.)*
Katze (trommelt auf dem Bauch herum): Leer – aumiau!
Hahn (flattert wild mit den Flügeln): Kikeriki – leer!
Esel (laut, gebieterisch): Ohren hoch! *(Alle gehorchen.)* Haben wir nicht alle gute Stimmen? Wenn wir zusammen musizieren, so muß es eine Art haben.
Hahn: Kikeriki, Musikanten sind gefragt in diesem Land. Ich prophezeie: wir werden berühmt und kommen in die Zeitung, ihr werdet sehen.
Katze: O mioo! Ich bringe eine kleine Nachtmusik, die wird allen Leuten gefallen.
Hund: Paßt auf, wie ich die Pauke hau – wumsdibums – wauradau!
Esel: Na also! Folgt mir nach Bremen!
Erzählerin: Die lieben Tiere machten sich auf den Weg, konnten aber die Stadt Bremen in einem Tage nicht erreichen. Sie zogen quer durch den Wald und stießen am späten Abend auf eine Räuberhöhle.

Zweite Szene
(Die Räuber schleichen heran, jeder hat seine Beute in einem Bündel. Die Kinder schließen sich eng zu einem Kreis zusammen und ziehen die Decke über die Räuber wie ein Dach, das bis zum Erdboden reicht. Erst hört man drinnen Schmatzen, dann Schnarchen. Die Decke bläht sich beim Ausatmen. Die Tiere treten in den Kreis, entdecken die Höhle und spähen ins Fenster hinein.)
Hund (schnüffelt): Hm, hm! Meine Nase sieht's im Dunkeln: die Räuber sind eingeschlafen beim Abendbrot!
Katze: Klar... Abendbrot! Mir läuft das Wasser im Mund zusammen. Vertreiben wir sie!
Hahn: Wie, aber wie? Kikeriki?
Esel: Wir üben die kleine Nachtmusik. Los!
(Sie bauen eine Pyramide, unten der Esel, darauf Hund, Katze, Hahn. Oder sie gruppieren sich anders vor der Höhle und schlagen Lärm. Die anderen Kinder der Gruppe unterstützen die Tiere mit den Schlaginstrumenten. Die Räuber fliehen schreiend, verstärken den Tumult. Die Tiere breiten die Decke aus und setzen sich dicht um die Bündel herum. Sie schmausen und gähnen.)
Hund: Wau – mir ist nicht mehr flau!
Esel: Iaah – wir bleiben da!

Hahn: Kikeriki ... bin satt wie noch nie!
Katze: Miau ... Unser Grauer war schlau!
(Sie kuscheln sich alle in die Decke und schlafen.)
Erzählerin: Die Räuber liefen und liefen bis in den nächsten Wald, denn sie hatten mächtige Angst vor Gespenstern. Unsere Tiere aber machten es sich in dem Räuberhaus gemütlich und hatten einen lustigen Lebensabend.

Scharadenspiel

Heute kommt es darauf an, wer Berufe raten kann!
Für eine Feier zum 1. Mai improvisieren wir mit den Kindern ein lustiges Scharadenspiel. Die Erzieherin sollte möglichst die Ideen der Kinder berücksichtigen, deren Kenntnisse über Berufe der Eltern mit dem Spiel verbinden.
Die Komik muß in der vereinfachten Darstellung der Tätigkeiten liegen, in der Darstellung von Erwachsenenberufen durch die Jüngsten oder auch im Suchen nach dem passenden Reimwort.
Einige Beispiele sollen als Anregung dienen:
Die Kinder sitzen im Kreis oder Halbkreis. Die Spielleiterin (Erzieherin) erklärt den Spielablauf und erläutert ihn mit weni-

gen Worten. Alle Anwesenden werden sich am Raten beteiligen. Mit den „Darstellern" wurde vorher alles besprochen. Kostüme dürfen dieses Mal nicht verwendet werden, die „Berufe" sollen deutlich durch Bewegungen oder kleines „Zubehör" gezeigt werden. Was ist charakteristisch für diesen oder jenen Beruf? Bestimmte Gegenstände dürfen benutzt werden, aber möglichst wenige und keine „echten".
Erstes Beispiel: Ein Junge steigt auf einen Stuhl, der auf einem Tisch steht. Er hebt an einem Besen ein Stück Papier hoch und schwenkt es herum *(Geräusch)*. Ein anderer Junge nimmt es herunter. Die Spielleiterin spricht nun Zeile 1 und Zeile 2 bis zum Reimwort, das den Beruf nennt. Auf dieses Wort müssen die Kinder selbst kommen.
Hoch im Himmel sitzt der Mann,
lenkt den ganzen Tag den ... *(Kran)*.
Zweites Beispiel: Ein Mädchen schiebt einen „Roller" o. ä. Sie hat es schwer und stöhnt, wischt sich den Schweiß. Sie grüßt mit „Morgen". Gähnt, nimmt ein paar Zeitungen aus der Tasche und geht damit ins Haus. Dort schiebt sie die Zeitungen in Briefkästen. Dann fährt sie mit dem Karren weiter.
Spielleiterin: Früh im ersten Dämmergrau,
kommt ins Haus die ... *(Zeitungsfrau)*.
Drittes Beispiel: Ein Junge kommt „angebraust" mit Motorengeräusch. Er „steigt" vom Fahrersitz ab und hilft der Verkäuferin beim „Ausladen" der Milchtüten-Behälter. Dann braust er wieder weiter.
Spielleiterin: An die vielen Kinder denkt,
wer den Milchcontainer ... *(lenkt)*.
Viertes Beispiel: Ein Mädchen kommt in die Schulklasse. Die Schüler erheben sich, grüßen. Danach beginnt der Unterricht.
Spielleiterin: Sie sorgt pünktlich für Beginn,
freundlich ist die ... *(Lehrerin)*.
Das läßt sich nun beliebig fortsetzen.
Wer den Reim gefunden hat, wird mit einem Bonbon belohnt, ebenso die Darsteller.

Märchenklein
(Stegreifspiel nach einem Gedicht)

Es war einmal   *(1)*
ein Wölfchen klein,
das brachte das Nachtmahl
dem Großmütterlein.
Aber mitten
im finsteren Tann'
kam das scheußliche
Rotkäppchen an,
bewaffnet mit einer Posaune
und in gräßlicher Laune.
Ihr fragt: Was wurde daraus?
Malt euch das selber aus.
Manchmal stehen
die Märchen Kopf:
Dann zaust Schneewittchen   *(2)*
die Zwerge am Schopf.
Und Dornröschen, das wach lag   *(3)*
die ganze Zeit,
keift mit dem Prinzen, der sie gefreit.
Und das arme   *(4)*
Aschenputtel, ei, ei,
schmeißt mit Geschirr nach der Polizei.

Dieses Spiel sollte nur mit älteren Kindern gespielt werden, denen die verschiedenen Märchen genau bekannt sind. Erst dann haben sie Verständnis für diesen lustigen Spaß; denn Spielen heißt auch: einmal alles auf den Kopf stellen, umkehren. Nicht nur oben und unten, auch gut und böse werden untereinander ausgetauscht.
Also spielen in „Märchenklein", das die Erzieherin schön langsam, mit entsprechenden Pausen, vortragen oder vorlesen kann, folgende Personen mit:

Ein guter Wolf
Ein schlecht gelauntes, unordentliches Rotkäppchen
Ein ungeduldiges, freches Schneewittchen
Ein bis drei Zwerge ohne Zipfelmützen, mit Wattebärten
Ein Dornröschen, das nie müde wird
Ein Prinz, der sich vor Dornröschen fürchtet
Ein Aschenputtel, das nicht arbeitet
Ein Polizist, der ausreißt
Das Kostüm deuten wir nur an. Zum Beispiel bekommt der Wolf einen Schwanz, Rotkäppchen eine unordentlich aufgesetzte rote Mütze und als „Posaune" einen Trichter oder eine Vase o. ä. Nichts darf „echt" aussehen, alle Elemente, die wir verwenden, müssen komisch wirken. (Die Kinder nach eigenen Ideen fragen für Kostüme und Requisiten.)
Auch für die Szenengestaltung sollte die Erzieherin die Vorschläge der mitspielenden Kinder anhören. Es kann durchaus anders gespielt werden als vorgeschlagen, nur sollte das, was im Gedicht ausgedrückt ist, beachtet werden.

Ein Spielentwurf:
Hinweis: Die Erzieherin sollte die vier Szenen vorher mit den „Darstellern" ausprobieren, aber nicht lange üben. Sie kann auch alles nur besprechen und vorbereiten.
Erste Szene: Der Wolf trägt artig das Körbchen durch den Wald. Rotkäppchen kommt ihm entgegen. Der Wolf stutzt: Sieht das Mädchen aber unordentlich aus! Und die Posaune schmettert laut: bäbäbäbäbäbä – bubububububu – tätätätätätä – tutututututu!
Der Wolf bleibt stehen, läßt den Korb fallen, hält sich die Ohren zu und zieht rückwärts ab. Rotkäppchen geht weiter geradeaus.
Zweite Szene: Schneewittchen, mit einem Kamm in der Hand, wankt müde bis zu einem Stuhl. Sie gähnt lange und immer wieder. In Reih' und Glied marschieren die Zwerge heran, bleiben vor dem Stuhl stehen. „Links um!" sagt der erste Zwerg.

Sie stehen erwartungsvoll vor Schneewittchen. Sie aber wirft den Kamm in eine Ecke, zerzaust allen die Tolle und reißt ihnen die Bärte ab. Heulend laufen die Zwerge hinaus.
Dritte Szene: Dornröschen liegt auf einer Decke, kaut fortwährend Bonbons und sieht sich eine „BUMMI"-Zeitung an. Der Prinz sieht aus der Entfernung zu ihr hin, endlich wagt er sich vorsichtig an ihr Lager heran. Ängstlich fleht er sie an: „Dornröschen, du mußt doch endlich einschlafen, damit ich dir einen Kuß geben kann." Dornröschen strampelt mit Armen und Beinen und schreit: „Igittigitt, ich will aber nicht schlafen, laß mich, du garstiger Prinz, du alter Esel," o. ä.
Vierte Szene: Aschenputtel steht auf einem Stuhl, sie trocknet mit einem Geschirrtuch eine alte Tasse ab. Es klingelt. Der Polizist vor der Tür ruft: „Heda, Aschenputtel, ich soll kontrollieren, ob du auch fleißig bist!" Bums, wirft Aschenputtel ihm auch schon die Tasse an den Kopf, das heißt, er bückt sich schnell und nimmt Reißaus.

Zirkusspiel

Ein Zirkusprogramm

Herbei – herbei!
Eintritt ist frei!
Der Turnraum oder ein größerer Gruppenraum ist mit Luftballons und Papierschlangen lustig ausgestaltet.
Eine Erzieherin *(als Clown Ferdinand verkleidet)* sammelt alle Zirkuskünstler und macht „Musik" auf einem alten Waschbrett.
Der Clown gestaltet einen lustigen Umzug durch die „Manege", und alle Beteiligten nehmen Platz.
Ferdinand stellt die Tänzerinnen vor *(Kinder aus der jüngeren Gruppe)* und sagt an:

Nummer 1.: Die Tanzpüppchen
(Kostümvorschlag: rotweißkarierte Röckchen, weiße Blusen, große Haarschleifen). Die Mädchen der jüngeren Gruppe tanzen nach dem Lied „Tanz, Püppchen, tanz". Nach dem Beifall hantiert Ferdinand mit einer Bank, dreht sie um und versucht, ohne Erfolg, zu balancieren.
Er gibt auf und sagt an:
Nummer 2: Auf dem Schwebebalken
Die Tänzerinnen nehmen Papierschirmchen und zeigen Kunststücke *(auf der Turnbank):*
a) Gehen über den „Balken", b) Gehen bis zur Mitte, Bein vor, c) Gehen bis zur Mitte, Bein zurück, d) Gehen bis zur Mitte, Knicks, Umdrehen und zurück.
Clown Ferdinand gratuliert und staunt, daß kein Mädchen sich das Bein gebrochen hat.
Dann kündigt er zwei „Kollegen" an:
Nummer 3: Die Rollmöpse
Zwei Jungen aus der jüngeren Gruppe kommen als Musik-

Clowns *(mit Saxophonen)* auf Turnstäben in die Manege geritten. Sie lassen die Stäbe fallen, kullern sich und zeigen eine Rolle vorwärts. Dann spielen sie auf ihrem Instrument. Ferdinand „schrapt" Beifall auf seinem Waschbrett und sagt an:
Nummer 4: Der Zottelbär
(Umhänge mit Kopf, aus Kreppapier genäht; Augen- und Mundöffnung ausgeschnitten, Gesicht mit Plakatfarbe aufgemalt.)
Es erscheint der Bärenführer und spricht:
Wollte einmal fragen an,
ob ich hier wohl zeigen kann
einen großen Zottelbär,
der gelehrig ist gar sehr;
denn er tanzet wunderschön,
kann auch auf zwei Beinen stehn,
kann auch Purzelbäume schlagen
und 'ne große Stange tragen.
Fläschchen trinken, zierlich winken,
Tür aufklinken, niedersinken.
All' dies kann mein Zottelbär
und noch vieles, glaubt es mir.
Schaut ihm nur fest ins Gesicht,
brummt er auch, er beißt doch nicht.
Ferdinand und Kinder:
Nur herein, Herr Zottelbär,
zeige deine Künste her!
Bärenführer:
Auf seinem Rücken groß und breit
sitzt ein Äffchen, wie gescheit! –
Nein, ich kann euch nicht beschreiben,
was er kann für Künste treiben.
Ferdinand und Kinder:
Laß doch die Beschreibung sein,
führ die Tiere nur herein.
Der Bärenführer klatscht in die Hände, Ferdinand zieht an der Leine, der Bärenführer greift zu, und der Bär *(verkleidetes Kind)*

kommt mit dem Äffchen. Ferdinand krault den Affen. Alles, was der Bärenführer angekündigt hat, muß nun der Bär vorführen. Zum Schluß soll das Äffchen auf dem Bären reiten, aber es flitzt zu Ferdinand, der es mit Würfelzucker oder Bonbons füttert. Ferdinand hat den Bärenführer hinausbegleitet und sagt an:
Nummer 5: Wer ist der schnellste Klettermaxe?
Jungen aus der mittleren Gruppe stellen sich vor die Sprossenwand. Sie haben Turnkleidung an und führen die Übungen möglichst schnell aus. Auf Kommando klettern sie hoch, bleiben oben sitzen. Der Clown fragt, ob die da übernachten wollen. Schnell klettern sie hinunter. Dann zeigen sie nochmals Hochklettern mit Übersteigen.
Danach klettern alle gleichzeitig aufwärts und abwärts. Ferdinand gratuliert den Kletterkünstlern und sagt an:
Nummer 6: Die Seiltänzerinnen
(Kostümvorschlag: Tüllröckchen und Schirmchen)
Ferdinand legt eine Latte über mehrere Hocker.
(Seil genannt!) Die Mädchen „balancieren".
Sie gehen zur Mitte, machen einen Knicks, gehen weiter. Sie gehen zurück zur Mitte, führen eine ganze Drehung aus und gehen weiter. Sie gehen wieder zur Mitte, schwingen das gestreckte Bein vor, gehen weiter. Ferdinand will es auch versuchen, springt aber in den Reitersitz und galoppiert auf der Latte. Dann sagt er an:
Nummer 7: Bodenakrobatik
(Bekleidung: Badehose und Nicki)
Acht Jungen laufen herein, führen eine Rolle vorwärts auf der Matte aus. Zwei, dann drei, dann vier Jungen zeigen gleichzeitig eine Rolle vorwärts. Ferdinand legt sich auf die Matte, schnarcht, springt auf, sagt an:

Nummer 8: Ferdinand und Ferdl
(Aus Turnkasten und Besen wird ein „Pferd". Es bekommt einen bemalten Kopf aus Pappe, der auf den Besen gesteckt wird; eine Decke wird über den Kasten gehängt.)
Clown Ferdinand stellt den kleinen Clown vor. Er soll am Pferd Rosinante aufhocken, kullert aber herunter. Ein Turner zeigt es richtig. Einige Kinder werden aufgefordert, in die „Manege" zu kommen. Sie hocken auf und springen ab.
Ferdinand macht lieber Musik mit Ferdl auf Triola und Rumpelbrett. Dann sagt er an:
Nummer 9: DDR-Meister im Gewichtheben
(Bekleidung: gestreiftes Hemd, Turnhose)
Die Jungen kommen mit Hanteln aus Polystyrol und „stemmen", als ob sie sehr schwer sind. Clown Ferdinand legt die Hanteln vor seine Füße, holt tief Luft, schreit:
„Und ... 'ran!" Faßt an, zappelt ... nein, er kann sie keinen Zentimeter hochkriegen.
Das betrübt ihn, er schneuzt in sein Taschentuch und sagt an:

Nummer 10: Raubkatzen-Dressur
(Leopardenkostüm: gestreifter Gymnastikanzug)
Der Leopard springt durch einen Reifen, über einen Stab usw.
Clown Ferdinand möchte auf ihm reiten, der Leopard faucht
und läuft hinaus. Ferdinand ruft laut:
Nummer 11: Aus 1 mach 2! Zauberer Fernando aus Italiano
Aus einer Tänzerin wird er zwei zaubern. Dazu benutzt er einen
verhängten Essenwagen. Oben auf dem Wagen sitzt ein Mädchen, nach großem Hokuspokus schiebt Ferdinand den Vorhang zur Seite und siehe da: ein zweites Mädchen sitzt unten!
(Gleiches Kostüm!)

Zum Schluß bilden alle Zirkuskünstler eine Schlange, und Ferdinand führt den lustigen Umzug durch den Raum. Alle „Künstler" verabschieden sich, indem sie den Zuschauern winken.
Jedes Zirkusprogramm besteht aber, wie wir wissen, aus verschiedenen Nummern. Wie man sie zusammenstellt, ergibt sich
aus dem festlichen Anlaß, der Zusammensetzung der Gäste, der
Jahreszeit und anderen Bedingungen.

Sicher wird die Erzieherin auch einmal bestimmte Nummern aus gut gelungenen Zirkusprogrammen wiederholen und nur die eine oder andere neue Nummer einfügen. Für diesen Zweck können die folgenden Einzelnummern genutzt werden.

Hokuspokus verschwindibus!

Ein Zauberer tritt auf und begrüßt die Kinder. Dann läßt er sie den Zauberspruch „Hokuspokus verschwindibus" üben und beginnt mit dem Verschwindenlassen verschiedener Gegenstände.
(Dazu werden mehrere Gegenstände in doppelter Ausführung gebraucht.) Es wird jeweils ein Gegenstand vorher versteckt. *(Auch Verstecken der Gegenstände bei bewußter Ablenkung der Kinder ist möglich.)* Der „Doppelgänger" bleibt beim Zauberer. Ist der Zauberspruch gesagt, läßt er den Zweitgegenstand verschwinden und zaubert ihn an den – vorher bestimmten – Platz.

Der Zauberkasten

Der Zauberer tritt vor die Zuschauer und stellt einen schönen Kasten auf den Zaubertisch. Er zeigt ihn den Kindern – sie überzeugen sich davon, daß der Karton leer ist *(unten offen)*. Ein Kind darf nun einen Luftballon aufblasen, so groß, daß man den Kasten darüber stülpen kann. Nun soll das Zauberkunststück vorgeführt werden. Man einigt sich auf einen passenden Zauberspruch. Haben die Kinder ihn gesagt, nutzt der Zauberer den Spannungsmoment und beugt sich über den Kasten. Dabei sticht er mit einer Stecknadel in ein vorher präpariertes Löchlein. „Knalleffekt!" Der Zauberer fährt erschreckt in die Höhe, als habe ihn der Knall überrascht. Jetzt ist es passiert! Nun muß der Zauberer den Kasten hochnehmen, dabei den Rest des Ballons an der Schnur schnell herausziehen und die Spielzeugmaus, die er in der freien Hand versteckt hatte, an seine Stelle schieben. Der Trick gelingt gut, wenn die Farbe des Ballons dem Untergrund angepaßt wird *(z. B. grün im Freien auf dem Rasen)*.

Elu wird belohnt

Auf dem Spielgelände oder bei schlechtem Wetter im Gruppenraum stellen wir leere Obstkisten *(alte Decken werden untergelegt und verhindern Schrammen auf dem Fußboden)* so zusammen, daß sie eine „Manege" abgrenzen. Zwei Spieler bilden den Elefanten, ein Spieler tritt als Dompteur auf *(Erzieherinnen)*. *Wir brauchen dazu:* Zwei graue Decken, aus Stoff einen „Rüssel", aus Papphülsen vier „Beine und Stoßzähne". Wäschesprüher, Eimer, Topf.

Erstens: Der Dompteur läßt den Elefanten, den er den Kindern als „Elu" vorstellt, nach Akkordeonmusik im Kreise gehen.
Zweitens: Elu löst Rechenaufgaben. Die Lösung klopft er mit dem Fuß auf den Topf. Nach einigen Aufgaben hat er keine Lust mehr. Er schüttelt mit dem Kopf. Der Dompteur fragt die Kinder, warum Elu das tut. Sie fragen den Elefanten, ob er müde, krank oder hungrig ist. Oder hat er Durst? Elu nickt heftig.
Drittens: Es wird ein Eimer mit Wasser gebracht. Elu pendelt begeistert mit dem Rüssel und trompetet. Dann taucht er den Rüssel ein. *(Der Spieler, dessen Arm in dem Rüsselschlauch sitzt, füllt dabei den in der Hand verborgenen Wäschesprüher.)* Nachdem Elu seinen Durst gestillt hat, läuft er lustig durch die Manege und spritzt die Zuschauer naß.
Viertens: Zum Schluß darf ein Kind, das „Fliegengewicht" hat, auf Elu reiten.

Der süße Max

Ein Clown stellt sich vor. Er bringt eine große Zeitung mit und entfaltet sie. Zu den Kindern sagt er, daß er noch schnell die Zeitung lesen müsse, danach habe er dann für sie Zeit. Er setzt sich, beginnt zu lesen und stellt ein Glas mit etwas Wasser seitlich von seinem Stuhl auf die Erde. Während er sich in die Zeitung vertieft, kommt ein vorher bestimmtes Kind geschlichen, trinkt das Wasser aus und stellt das leere Glas an die gleiche Stelle zurück. Nachdem das Kind davongeschlichen ist, greift der Clown zum Glas, um zu trinken, ohne dabei von der Zeitung hochzusehen. Er schüttelt verwundert den Kopf, schüttelt das Glas, dreht es um, sucht unter dem Stuhl, schüttelt wieder den Kopf und stellt endlich das Glas zur Seite. Dann faltet er die Zeitung zusammen, steht auf und wendet sich den Kindern zu. Er erzählt, daß er jeden Monat in einer Fabrik auftritt, in der Bonbons hergestellt werden und daß ihm die Arbeiter dann dafür Süßigkeiten schenken. Sie nennen ihn den „süßen Max", weil ihm die Bonbons immer prächtig munden. Die Kinder sollen kosten. Er wirft ihnen einen Bonbon zu, läßt den glücklichen Fänger auswickeln und kosten. Na also ... diese Bonbons sind die allerallerbesten der Welt. Die anderen Kinder wollen sie auch mal probieren. Nun beginnt die „Verteilung". Einige Bonbons werden an Smokgummis befestigt und den Kindern zugeschnippt, aber der Bonbon landet wieder beim Clown. Nachdem er so mehrere Kinder angeführt hat, geht er lachend davon. *(Eventuell kann er den Kindern noch einige Bonbons zuwerfen, die sie behalten können.)*

Ich kann ein Clown sein

Der Zirkusdirektor stellt einen uralten Clown vor und erklärt, er wäre in großer Not. Der Clown Zipperlein habe schon so lange das Zipperlein und könne gar nicht mehr auftreten. Aber heute wolle er ihn noch einmal um Rat fragen, was da zu tun sei. Clown Zipperlein, der eine weiße Perücke trägt und einen weißen Bart, trompetet laut: „Schule!" Ja, eine Clownschule, das wäre das Richtige. Nun dürfen sich die Kinder melden, die in eine Clownschule gehen wollen. Sie werden lustig verkleidet und angemalt *(Vorschläge der übrigen Kinder möglichst berücksichtigen)*.
Der Zirkusdirektor beginnt mit dem Unterricht, unterstützt von Clown Zipperlein.
Zirkusdirektor:
„Die Clowns haben eine eigene Clownschule. Dort lernen sie in der ersten Woche ein Gedicht, das Hutzelbrot-Gedicht."
Ein junger Clownschüler:
„In einem Teller Grießbrei,
da schwamm Zwerg Hutzelbrot.
Und hätt' er nicht einen Klumpen gefunden,
und hätt' er nicht einen Klumpen gefunden,
dann wäre er schon tot."

Zirkusdirektor:
„In der zweiten Woche lernen die kleinen Clowns schon, Grimassen zu schneiden. Sie reißen den Mund auf und brüllen wie die Löwen: Aaaaaa! Und dann üben sie:"
Alle kleinen Clownschüler brüllen:
Aaaaaaaaaaaa!
Alle:
„An anam Tallar Graßbra,
da schwamm Zwarg Hatzalbrat.
And hatt ar nacht anan Klampan gefandan,
and hatt ar nacht anan Klampan gefandan,
dann wara ar jatzt tat."
Der arme alte Clown Zipperlein bekommt noch mehr das Zipperlein, so oft versprechen sich die kleinen Clownschüler.
Der Zirkusdirektor fährt fort:
„So üben sie auch das Oooo – mit dem O staunt man.
Das Iiiii klingt wie Igittigitt!
Mit dem Eeee meckern die Ziegen.
Und das Uuuuu klingt zum Fürchten.
Man übt es am besten im Dunkeln.
Man setzt sich vor einen Teller Grießbrei
und spricht leise und schaurig:"
(Alle Clownschüler sitzen vor einem Teller mit Löffel und tun so, als äßen sie und sprächen mit vollem Munde.)
„Un unum Tullur Grußbru ... und su wutur."
Wenn sie die fünf Zeilen mit u gesprochen haben, sagt der *Zirkusdirektor:*

„Wer sich in der Clownschule anmelden will,
muß nach Quackersdorf schreiben,
Kicherallee zwölfundzwanzig,
der Direktor heißt Hirzelschnurz
und seine Frau Schnurzelhirz.
Das Schuljahr geht vom ersten Oktober
bis zum sechsundsechzigsten September."
Der Zirkusdirektor will nun die kleinen Clowns prüfen. Er fragt den ersten, ob er schon dichten kann.
Erster Clownschüler:
„Ich kann dichten
1, 2, 3, 4, 5, 6, 7,
wo ist unser Hund geblieben?
Er sitzt hinterm Hundehaus,
zieht sich seine Jacke aus,
zieht sie wieder an,
du bist dran."
Der Zirkusdirektor übt den Abzählreim, für den er die Zensur „1" gibt, mit allen Kindern. Dann soll der zweite Clownschüler ein Rätsel aufgeben.
Zweiter Clownschüler:
„Ich kann Pflanzen benennen.
Ein Hut und ein Bein,
was kann das sein? *(Der Pilz)"*
Alle Kinder raten, danach verabschieden sich die Schüler, der alte Clown und der Zirkusdirektor.

Herr Alleskann

Der Zirkusdirektor stellt einen Künstler vor. Sein Name „Alleskann" sagt schon, daß ein Artist von Weltklasse zu ihnen gekommen ist. Der „Star" ist auffallend gekleidet: „seidene" gestreifte Hosen, weißes Hemd *(an den Ärmeln und am Bund ausgefranst)*, schwarze Fliege, breitkrempiger Hut. Herr

Alleskann verbeugt sich oft und tief und schreit dazu seinen Namen. Alles, was er tut, mimt er mit übertriebenen Gesten, das heißt, er ist ein schrecklicher Angeber.

Er zeigt folgendes Programm:
Erstes Kunststück – Jonglieren mit drei Bällen
Nacheinander wirft er die Bälle hoch, selten genug fängt er einen auf. Dabei preist er sein Können. Vom vielen Bücken erschöpft, bricht er die Nummer ab.
Zweites Kunststück – mit geschlossenen Augen Tiere zeichnen.
Herr Alleskann stellt eine Tafel auf und fragt die Kinder, ob sie schon zeichnen können. Ja, er glaubt es ihnen. Er aber will mit geschlossenen Augen Tiere zeichnen. Ein Kind darf ihm die Augen verbinden. Dabei prahlt er, kein Artist der Welt habe so eine schwierige Nummer in seinem Programm. Es ist soweit, die Kinder dürfen ein Tier nennen. Herr Alleskann zeichnet Striche, aber sie bilden einen Stuhl (oder anderen Gegenstand) ab. Die Kinder helfen, rufen ihm zu, welches Körperteil er zeichnen soll. Es wird nichts. Er läßt sich noch einmal ein anderes Tier nennen, es entsteht auch wieder nur ein Gegenstand. Der „Künstler" schiebt am Ende die Schuld auf die Kreide.
Drittes Kunststück – Ein Lied auf der Gitarre begleiten
Herr Alleskann klimpert ein bißchen auf der Gitarre, „stimmen" nennt er das. Er kennt „alle Lieder der Welt", nennt Länder, die es gar nicht gibt. Die Kinder sollen ein Lied nennen, das sie gerne singen möchten. Als es losgeht, singen die Kinder richtig, die Gitarre aber klimpert die Melodie eines ganz anderen Liedes. Herr Alleskann schiebt die Schuld auf die Gitarre, dreht und wendet und schüttelt sie. Auch der zweite Versuch mißlingt, und das Konzert wird abgebrochen.
Viertes Kunststück – Seiltanz
Herr Alleskann legt ein Seil auf den Fußboden. Seiltanzen wäre aus der Mode gekommen, weil kein Artist heutzutage mehr Mut besäße, sagt er. Er will nun balancieren und auf dem Seil tanzen.

Er stolpert, fällt nach vorn, richtet sich mühsam auf, klagt über Schwindel, breitet die Arme aus, verliert das Gleichgewicht, läßt die Arme wie Propeller kreisen, wankt, macht am Ende eine drollige Bauchlandung und markiert eine Ohnmacht. Der Zirkusdirektor erscheint mit einer Riesenflasche voll „Medizin". Begeistert lutscht der Künstler daran und läßt sich hinausführen.

Der Bilderdichter

Ein „Dichter" *(Erzieherin)* mit einem großen Bleistift und einem Notizblock heftet ein Bild an die Tafel und findet dazu einen Reim. Jedes Kind bekommt der Reihe nach ein Bild und den Anfang eines Reims gesagt. Es dichtet die zweite Zeile dazu *(eventuell auch mit Hilfe der anderen Kinder)*. Das Bild wird auf ein vorbereitetes Leporello geklebt und der Reim hinzugeschrieben.
Zuletzt ist ein lustiger Bildstreifen mit Versen entstanden. Der „Dichter" liest sie den Kindern noch einmal vor, wobei er jedem einzelnen Kind die Hand gibt und es lobt.

Der Zirkusdirektor mit seinem kleinen Hund „Fips"

Der Zirkusdirektor begrüßt das Publikum. Auf seinem Arm sitzt sein Hund *(Handpuppe; kann auch Affe, Bär, Katze oder anderes Tier sein)*.
Während der Begrüßungsrede wird Fips unruhig. Er bellt einmal. Der Zirkusdirektor entschuldigt sich: „Ich mußte ihn einfach mitnehmen, er wollte nicht allein zu Hause bleiben." Fips schmiegt sich schüchtern an, schaut nur ab und zu kurz zum Publikum und will die Kinder nicht begrüßen, aber dann winkt er freudig, und während weitergesprochen wird, winkt er immer einmal den Kindern zu.

Dann freut er sich so, daß er auf dem Arm herumhüpft und sein Herrchen beleckt. Er wird gestreichelt: „Nun beruhige dich, pfui, das macht man doch nicht!"
Doch kaum ist er wieder ruhig, muß er niesen. Mit einem großen Taschentuch wird die Nase gewischt, und weil es so einen Spaß macht, muß er immerfort niesen, bis der Zirkusdirektor diesen Spaß verbietet, und mit einem „Wau-wau" fügt sich Fips.
Plötzlich entdeckt er seine Milchflasche und gibt keine Ruhe, zeigt in die Richtung, kitzelt Herrchen mit der Pfote unterm Kinn. Aber erst muß er „bitte, bitte" mit den Pfoten machen, dann trinkt und schmatzt er, was wiederum vom Herrchen gerügt wird. Nun winkt er und verabschiedet sich vom Publikum, oder er wird mit einem Schlaflied ins Körbchen gelegt.

Der Musikclown

Mit einem luftbereiften Roller kommt der lustig angezogene Clown hereingefahren und klingelt laut. Musikinstrumente, die den Kindern bekannt sind, hat er sich umgehängt *(z. B. eine Triola, eine Flöte, die Gitarre, Klanghölzer, Triangel, Trommel)*. Nun will er spielen, aber er faßt alle Instrumente ungeschickt an und behandelt sie falsch. In die Gitarre will er hineinblasen, dann klopft er an die Hinterwand, hält die Gitarre verkehrtherum, zupft auf der falschen Seite. Dasselbe erfolgt mit den anderen Instrumenten. Die Kinder wissen es natürlich viel besser und helfen dem ungeschickten Clown. Haben sie es geschafft, und er hat das Instrument richtig in der Hand, kündigt er ein Lied an, spielt aber ein anderes. Die Kinder müssen wieder helfen und die richtige Melodie singen. Hat er die Flöte in der Hand, in die er zunächst von unten hineinbläst, wird er gefragt: „Kannst du hoch spielen?" Er kann es, steigt auf einen Stuhl oder auf einen Tisch und spielt einige „hohe" Töne. Er kann auch tief spielen, hockt sich tief nach unten *(eventuell unter den Tisch)* und spielt die „tiefen" Töne. Nun musizieren alle mit.

Der Clown singt vor:
„Ich bin ein Musikante und komm'
vom Schwabenland..." usw.
Der Clown kann auch als Dirigent auftreten. Er fordert das Publikum auf, im Chor mitzusingen. So kann zum Beispiel jeder Teilnehmer nach einer bekannten Melodie in einer Tierstimme singen. (*Quak, kuckuck, wauwau, miau, mäh, ia, zitzibäh, zilpzalp, kikeriki, gack-gack, krah-krah, piep-piep.*)
Bei leisen, dämpfenden Bewegungen des Dirigenten singen alle ganz leise, bei kräftigen Bewegungen muß der Chor lauter werden.
Der Clown wird gefragt, ob er allein etwas singen kann. Er singt langsam und ausdrucksvoll ein bekanntes Lied mit lustigem falschem Text. Zum Beispiel auf die Melodie „Kommt ein Vogel geflogen...":
Kommt ein Esel geflogen
und zieht mich an meiner Hos'.
Ja, das ist ungezogen,
er läßt mich nicht mehr los.
(*Dabei zieht er an der Hose, als wolle er sich vom Vogel losreißen.*)
Auf die Melodie „Alle meine Entchen":
All' die frechen Kinder
machen's alle so (*zeigt eine ulkige Bewegung*),
sie halten sich die Ohren zu (*alle müssen die Bewegung genauso ulkig nachahmen*),
und wir sind alle froh (*dabei klatschen alle mit*).
Das wird jeweils mit anderen Bewegungen wiederholt. Sie machen zum Beispiel eine lange Nase usw.

Eine andere Variante:
Der Clown wird vom Zirkusdirektor begrüßt. Er kommt mit einer Trommel hereinmarschiert (*trommelt sehr laut*). Mit dem Verweis, er solle nicht solchen Krach machen (*den Verweis beachtet er nur, wenn der Direktor neben ihm steht; immer,*

wenn dieser weggeht, spielt er wieder lauter), wird ihm die Trommel weggenommen. Der Direktor geht, atmet auf: „Nun haben wir endlich Ruhe!" Der Clown zieht unter seinem weiten Umhang ein neues Instrument hervor, spielt darauf eine hübsche Melodie und wandert vor dem Publikum auf und ab. Der nervöse Zirkusdirektor nimmt ihm auch dieses Instrument weg. Durch seine Mimik zeigt der Clown, daß ihm das nichts ausmacht. Er hat bereits wieder ein neues Instrument unter seinem Umhang hervorgezogen *(zum Beispiel kleine Mundharmonika o. ä.)*. Plötzlich bläst er zum Ärger des Zirkusdirektors auf einem Kamm. *(Die Instrumente müssen unter dem Umhang gut verborgen sein.)* Der Clown, wieder unterbrochen, zeigt durch Gesten und Mimik, daß er nicht traurig ist, wenn er ein Instrument nicht mehr spielen darf, daß er sich freut, wenn er den Zirkusdirektor überrumpeln kann. Großen Spaß bereitet es den Kindern, wenn der Zirkusdirektor glaubt, der Clown habe nichts mehr, aber immer wieder ertönt ein Instrument. Zuletzt, wenn der Zirkusdirektor sich davon überzeugt hat, daß der Clown nichts mehr unter dem Mantel trägt, imitiert dieser mit der Stimme ein Instrument, aber der Direktor sucht vergebens. Immer wieder ertönt diese Melodie. Der Direktor kommt angerannt und weg ist das „Instrument". Der Clown will ihn versöhnen, zeigt ihm das angebliche „Instrument", und nun imitieren beide zweistimmig.

Madam Wundervoll!

„Madam Wundervoll" hat die Fähigkeit, größer zu werden, ja bis an die Decke mit ihrem Hut zu gelangen und den Oberkörper seitlich nach links und rechts zu beugen, sogar mit dem Kopf quer unten auf die Scheuerleiste zu kommen.
(Das alles bewirkt ein Schrubber oder Mop, den ein Umhang und ein Hut zieren. Das Ganze wird von einer darunter stehenden Person betätigt.)

Nun benötigen wir noch einen „Direktor"
einer Bildergalerie mit einem großen Zeige-
stab. Entweder wir stellen uns die Bilder an
einer leeren Wand vor, oder wir heften einige
Kinderzeichnungen an. Das Spiel beginnt:

Direktor (wendet sich an die Dame):
„Es freut mich, daß Sie meine Bilder besich-
tigen wollen. Sehen Sie, hier oben." –
„Wundervoll!"
*(Die Madam schnellt mit dem Kopf in die
Höhe.)*
„Ah, wundervoll!" – *(und schon hat sie
seitlich unten ein Bild entdeckt. Plötzlich zielt
ihr Kopf seitlich in die Ecke!)*
„Aber das ist auch wundervoll, Herr
Direktor! Wundervoll, wundervoll!" –
*(Und schon schaut die Madam auf die andere
Seite der Wand.)*
Beim Hinausgehen muß Madam den Kopf
einziehen, um nicht an den Türpfosten zu
prallen. *(Alles muß so eingerichtet werden,
daß das Publikum „Madam Wundervoll"
nur von hinten sehen kann.)*

Die dicke Berta

Auf einem Herrenregenschirm ist ein großer Hut auf einem
imitierten Kopf angebracht. Der Schirm wird mit Vorhängen
oder Tischdecken behängt, damit alles wie ein Umhang wirkt.
Nach einer heiteren Musik kommt „Berta" hereingetänzelt. Sie
wiegt sich, ja hüpft sogar nach Musik und ist dann ganz außer
Atem *(der Schirm wird langsam fast geschlossen und wieder
gespannt)*, sie atmet und schnappt nach Luft.

„Berta, du bist einfach zu dick", sagt der Spielleiter. Vielleicht kann Berta auch ein Verschen singen? Ja, sie singt:
„Ich bin die dicke Berta,
schnick, schnack, schnick.
Ich keuche wie ein Pferd,
ach ja, ich bin zu dick.
Ein Arzt muß her, ein Arzt muß her.
Machen Sie mich schlank, oh bitte sehr!"
Der Arzt kommt, hört sie mit einem Trichter ab. *(Wieder „atmet" Berta mit dem Schirm aus und ein.)* Dann holt der Arzt seine Spritze hervor *(eine Tortenspritze)* oder gibt eine Medizin mit einem Löffel ein. Gleich nachdem Berta die Spritze erhalten hat, wird sie ganz dünn. Der Schirm wird zugeklappt, aber noch hochgehalten. Sie quiekt laut oder ruft „auuu!" Dann verbeugt sie sich einige Male vor dem Doktor und ruft freudig: „Oh, Sie Zauberdoktor, Sie Schlankheitsdoktor, danke, danke. Dankeschön!"
Mit Musik tänzelt „Berta" wieder hinaus.

Das Denkmal
(eine komische Pantomime)

Hinter einer Bank steht ein Sockel *(noch ist er leer)*. Der Parkwächter kommt, kehrt, stellt seinen Besen ab und geht wieder. Ein Kind kommt, nimmt den Besen und hält ihn hoch, hantiert damit wie mit einem Gymnastikstab. Plötzlich kommt der Parkwächter zurück. Schnell springt das Kind auf das Podest und stellt ein Standbild dar mit Besen in der Hand. Der Parkwächter sucht ein Weilchen, betrachtet das Denkmal, setzt sich dann auf die Bank und frühstückt. *(Er legt sein Frühstücksbrot aufgepackt neben sich auf die Bank.)* Das „Denkmal" beugt sich herab, nimmt das letzte Stück Brot und ißt es auf. *(Bevor das gelingt, gibt es einige Versuche. Das „Denkmal" muß sich immer wieder in Positur stellen, weil sich der Wächter umdreht.)*

Wieder sucht der Wächter, immer wenn sein Blick das Denkmal streift, steht es unbeweglich. Der Wächter geht, das „Denkmal" bewegt sich und steht danach in anderer Haltung, als der Wächter überraschend wieder erscheint und nun mit dem Staubwedel das „Denkmal" abwischt. Dabei fuchtelt er dem Kind vor der Nase herum. Es muß niesen und noch einmal niesen, und nun entdeckt der Wächter, daß er sich getäuscht hat, erwischt aber das Kind nicht mehr, das schnell davonläuft.

Das dressierte Krokodil

Vier bis fünf Kinder hocken sich hintereinander auf die Erde *(sie haben grüne Handschuhe an)*. Sie werden mit einer grünen Decke bedeckt, der Kopf wird durch große weiße aufgeklebte Augen markiert und durch ein rotes Maul, das sich öffnen läßt. So bedeckt kommt das Krokodil auf Händen und Knien in die „Manege".
Der Dompteur läßt das Krokodil rechnen. Er schlägt zweimal und nach einer Pause dreimal auf das Tamburin – das Krokodil nickt fünfmal mit dem Kopf. Es ist auch musikalisch und wiegt sich nach rechts und links im 4/4 Takt nach Musik.
Nun kommt die große Attraktion. Es „strickt" einen Pullover. Mit geheimnisvollen Zaubersprüchen „verspeist es ein Wollknäuel". *(Nun sieht man, wie es sich bewegt. Die einzelnen Kinder strecken vom ersten bis zum fünften nacheinander die Rücken in die Höhe und hocken sich wieder nieder.)*
Der Dompteur sagt bei den einzelnen Bewegungen: „Jetzt ist das Vorderteil fertig, jetzt strickt es den Rücken, den linken Ärmel, den Kragen" usw. ... Atemlose Stille. – Er sagt: „Hola hopp, hola hopp!" Es ist gelungen, der Pullover kommt hinten heraus. Der Dompteur zeigt ihn den Zuschauern. *(Das letzte Kind hatte ihn schon bei sich.)*
Beifall! Das Krokodil marschiert hinaus, und an der Tür zeigen sich die Schauspieler.

Die Löwen-Dressur

Kreisel werden als „Löwen" auf große Baukästen gelegt. Der Dompteur ist lustig verkleidet. Er hat eine Kreiselpeitsche, spielt und gestikuliert, als wären die Kreisel wilde Löwen.
Wenn er nun einen „Löwen" vorführt, wird der Kreisel in Bewegung gesetzt bzw. aufgezogen und tanzt in der Manege.
(Es werden Kreisel und Peitsche oder Brummkreisel benötigt.)

Hurliburli mit dem endlosen Zauberfaden

Hurliburli, eine lustige Figur, kommt mit Musik hereinmarschiert *(am Hut, an der Kleidung, überall hängen lose bunte Fäden.)*
Der „endlose Zauberfaden" ist ein Wollknäuel, das in einer verborgenen Tasche steckt *(der Faden wurde vorher mit der Nadel irgendwo durch das äußere Kleidungsstück gezogen).*
„Wer bist du denn?" fragt der Zirkusdirektor. „Ich bin verzaubert. Wenn ihr den endlosen Zauberfaden findet, kann ich wieder richtig fröhlich sein." *(Hurliburli tänzelt vor den Kindern herum, jedes zieht mal am Faden.)* Ist der endlose Faden gefunden, tanzt und dreht er sich lachend in den Faden ein, während die Kinder dazu klatschen.

Die Clowngymnastik

Zwei bis drei Clowns haben eine Perücke auf, die Haare fallen über das Gesicht, am Hinterkopf ist eine Gesichtslarve befestigt. *(Die Brust wird so zum Rücken und der Rücken zur Brust.)* So angezogen marschieren sie nach Musik ins Zimmer und führen dann besonders solche Übungen aus, die in der vertauschten Richtung komisch erscheinen, zum Beispiel Liegestütz usw. Sie können auch nach lustiger Musik miteinander tanzen.

Die lustigen Sänger
(Einige Kinder verkleiden sich lustig und tragen die Lieder vor.)

Koboldliedchen

1.-2. In der Kaf-fee-kan-ne bei der O-ma-ma
3. In der Kaf-fee-kan-ne bei der O-ma-ma

1.-2. ei, da geht es lu-stig zu, 1. je - da
                                                  2. je - da
3. ei, da ging es lu-stig zu, 3. und nun

1. tanzt der Be-sen mit der O-ma-ma
2. singt der O-fen mit dem Schrank Du-ett,
3. schnar-chen sich die Ko-bold-Kin-der aus,

1. oh - ne Strümpf' und oh - ne Schuh! Ein-mal
2. quietscht die Tür und knarrt das Bett! Ein-mal
3. doch auch dann gibt's kei - ne Ruh! Ein-mal

1.-3. links her-um, zwei-mal rechts her-um, und die

Lam-pe zit-tert schon, o Graus, ein-mal

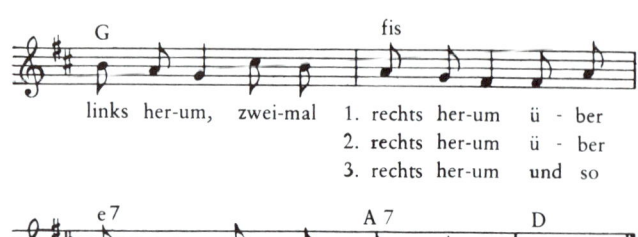

links her-um, zwei-mal
1. rechts her-um ü - ber
2. rechts her-um ü - ber
3. rechts her-um und so

1. Stuhl und Bank durchs gan - ze Haus!
2. Stuhl und Bank durchs gan - ze Haus!
3. klingt das Ko - bold - lied - chen aus!

(3. Strophe ritardando)
(Kaffeekanne ist das Wohnhaus der Pittiplatsch-Oma)

Die Ziege

1. Ba-busch-ka A-nusch-ka hat ei - ne Zie-ge.
2. Sie ist sehr stolz auf die Hör-ner, die bei-den.
3. Wird auch ge - bür-stet, ge - putzt und ge - strie-gelt.
4. Und wenn sie schön ist, dann geht sie spa - zie-ren.

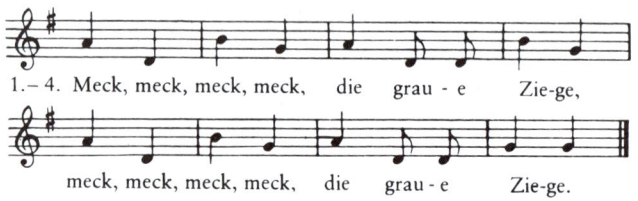

1.- 4. Meck, meck, meck, meck, die grau - e Zie-ge,

meck, meck, meck, meck, die grau - e Zie-ge.

Dieses Liedchen kann in jeder Wartezeit oder bei anderen Situationen (z. B. während des Früh- und Spätdienstes oder an einem fröhlich gestalteten Nachmittag im Freien) gespielt werden. Die Kinder können sowohl auf dem Flur in einer Linie als auch auf Decken auf dem Fußboden im Kreis oder auf einer Wiese schunkeln. Ein Kind ist die Ziege. Es geht auf und ab vor den Kindern oder stolziert im Kreis herum. Bei der zweiten Strophe nimmt es beide Zeigefinger als Hörner an die Stirn.

Ein anderes Kind striegelt und putzt dann mit einer lustig bemalten Holzwurzelbürste die „Ziege". *(Auf die Bürste kann man einen Ziegenkopf mit zwei Hörnern malen.)*

Ein anderes Kind hält den Spiegel, wenn die Ziege spazieren geht. *(Z. B. ein weißer Pappdeckel, auf den ein Ziegenkopf gemalt ist.)*

Alle anderen Kinder schunkeln dazu. Die „Ziege" meckert fröhlich.

Quellennachweis

Wir danken den Autoren und Verlagen für die freundliche Genehmigung zum Abdruck der nachstehend aufgeführten Beiträge.

Alles Unsinn. Deutsche Ulk- und Scherzdichtung von ehedem bis momentan. Gesammelt und herausgegeben von Heinz Seydel. Eulenspiegel Verlag, Berlin 1969:
Die bunte Kuh; Der Elefant; Erst klapperten die...; Es war einmal...; Die Hausfrau fiel...; Das Krokodil; Schnitzelputzhäusel; Stunden, wo der Unsinn waltet; Verkehrte Welt.
Bjelischew, Iwan: Das eigensinnige Kätzchen. Reime, Gedichte, Geschichten für den Kindergarten. Volk und Wissen Volkseigener Verlag, Berlin 1973. Spielhinweise von Inge Borde-Klein.
Borde, Inge: Spiel mit Solopuppen. Henschelverlag, Berlin 1974:
Der beste Sänger; Clown Bimbambum.
Brecht, Bertolt: Ein Kinderbuch. Der Kinderbuchverlag, Berlin 1965:
Aberglaube; Alphabet; Es war einmal ein Huhn; Es war einmal ein Hund.
„Bummi", Heft 1/1973; Heft 10/1970, Verlag Junge Welt, Berlin. Schneewittchen und die 18 Eiswaffeln; Der Wolf und die sieben Mücklein (Katzen).
Falke, Gustav: Kätzchen will Fliegen fangen. In: Ans Fenster kommt und seht. Der Kinderbuchverlag, Berlin 1964. Spielhinweise von Inge Borde-Klein.
Gesellschaftsspiele in Kindergarten und Familie. Volk und Wissen Volkseigener Verlag, Berlin 1962:
Armes Kätzchen; Autorennen; Blinzeln; Bunte Stafette; Der bunte Teller; Eierlaufen; Ein Überraschungspaket; Feuer, Wasser; Flaschen steigen; Ich kneif' dich und du lachst nicht!; Jacob wo bist du?; Kommando Pimperle!; Kringelbeißen; Ohne zu lachen; Papier tragen; Rate mal; Ringwerfen; Sack-

hüpfen; Scharwenzel; Schwänzchen zeichnen; Stuhlpolonaise; Such die Bürste; Tauziehen; Topfschlagen; Vöglein piep einmal; Wasser tragen; Zielball.

Hacks, Peter: Der Flohmarkt. Der Kinderbuchverlag, Berlin 1965:
Der blaue Hund; Der Herbst.

Hängekorb, Kurt: Der kleine Regenwurm. Reime, Gedichte, Geschichten für den Kindergarten. Volk und Wissen Volkseigener Verlag, Berlin 1973. Spielhinweise von Inge Borde-Klein.

Hirte, Werner: Unsere Spiele. Verlag für die Frau. Leipzig o. J.:
Lirum larum Löffelstiel; Neptun und die Fische; Pfänder auslösen; Stumme Musik; Teller drehen; Was hängt an der Leine?

Hüttner, Hannes/Golz, Konrad: Was ich alles kann. Der Kinderbuchverlag, Berlin 1970:
Ich kann dichten; Ich kann ein Clown sein; Ich kann naschen und unartig sein; Ich kann Pflanzen benennen.

Hüttner, Hannes/Pavel, Klaus: Spielen, Haschen, Äpfel naschen! Der Kinderbuchverlag, Berlin 1968:
Lirum larum Löffelstiel...

Ich will euch was erzählen. Deutsche Kinderreime. Ausgewählt von Anne Gabrisch. Verlag Philipp Reclam jun., Leipzig 1971:
Abzählverse: Daheim ist die Maus; Eenige, deenige...; Eins, zwei, drei...; Eins, zwei, drei, vier...; Gicksgacks; Hurtig, Kinder, kommt zu Tisch;
Kniereiterverse: Hoppe, hoppe Reiter; Das Kind ist noch klein; Klein bin ich; Kommt eine Maus; Kunterbunt; Ri ra rutsch;
Neckverse: Eene, mene, ming...; Es war einmal ein Mann; Es waren mal zwei Schwestern;
Schnellsprechverse: Es zwitschern...; Hinter Hermann Hannes Haus...; Kurze Kleider; Der Mondschein.

Ilse Bilse. Zwölf Dutzend alte Kinderverse. Herausgegeben von Achim Roscher. Der Kinderbuchverlag, Berlin o. J.:
Dunkel wars'...

Jacob, Max: Die bunte Puppenkiste, 11. Folge. Acht Kasperstücke. Ausgewählt und herausgegeben von Inge Borde. Henschelverlag, Berlin 1969: Kasper und sein Flocki.
Kahlau, Heinz: Nachdichtung aus dem Italienischen: Die Märchen der Mutter Gans. Der Kinderbuchverlag, Berlin o. J.:
Dickeri, Dickeri, Dur; Didel, Dudel, Didel; Drei weise Männer; Regen, Regen; Die Taube sagte: Cu!; Der Vielfraß; Zwei Möwen.
„Der Kindergarten", Heft 7. Zeichen- und Schreibspiele. Hefte zur Spielpflege in Kindergarten, Hort und Heim. Herausgegeben von Christine Uhl. Verlag Werden und Wirken, Weimar 1947:
Die Miezekatze; Der Stoffel; Der Storch.
„Der Kindergarten", Heft 10. Allerlei Spaß mit dem Taschentuch. Hefte zur Spielpflege in Kindergarten, Hort und Heim. Herausgegeben von Christine Uhl. Verlag Werden und Wirken, Weimar 1948:
Die befreite Schere; Einen Ring aus einen Faden herausspringen lassen; Lösung eines Knotens im Taschentuch; Rätselhafte Befreiung von einer Fessel; Die zerschnittene Schnur.
Kleines Theater. Stücke für den Kindergarten. Übersetzt aus dem Bulgarischen von Brigitte Golm. Verlag Narodna prosveta, Sofia 1966:
Bär Schleckermaul; Fix und Fax; Der Kasper als Fischer; Kaspers Zirkusvorstellung; Oh, was für ein Hokuspokus; Das schreckliche Ungeheuer.
Reime, Gedichte und Spiele für den Kindergarten. Volk und Wissen Volkseigener Verlag, Berlin 1962:
Abzählreime; Fastnachtsvorspruch; Ich auch; Das Märchen; Mein Näschen; Suche den Reim; Wer weiß es weiter; Neckverse: Annele, Bannele; Der Butterberg; Ein Lied; Es war einmal; Feine Grütze; Leckermann; Meine Mu-, meine Mu-,...; Nanu; Pumpernickels Hänschen; Die Vielfrager; Was ist das?; Zwei Kämme.

Reime, Gedichte, Geschichten für den Kindergarten. Volk und Wissen Volkseigener Verlag, Berlin 1976:
Eine Kuh, die saß im Schwalbennest; Die Kuh Emilie.
Ringelnatz, Joachim: Tiere (Gedichte). Karl H. Henssel Verlag, Berlin 1949: Im Park.
Ringelnatz, Joachim: Überall ist Wunderland. Verlag Rütten & Loening, Berlin 1964; Kasperle-Vers.
Rodari, Gianni: Kopfblumen. Der Kinderbuchverlag, Berlin 1972: Märchenklein.
Smutná, Marta: Das Märchen vom Mohn. In: Puppentheater. Staatlicher Pädagogischer Verlag, Prag 1969.
Vavruška, Eduard: Puppenpantomime für Kinder. Übersetzt von Dr. Ernst Müller. Methodisches Zentrum LŠU, Prag 1970. Zehn kleine Puppenszenen:
Freundschaftliche Hilfe; Das haben sie übertrieben; Das kluge Hündchen; Klugheit ist keine Hexerei; Das naschhafte Hündchen; Die überraschten Helden; Der verdutzte Schläfer; Wenn zwei sich streiten; Wer einem andern eine Grube gräbt; Wippe wi.

Spaß und Spiel : Anregungen für fröhliche Stunden /
ausgew., zsgest., u. bearb. von
Inge Borde-Klein, Marga Arndt u. Waltraut Singer.
Ill.: Regine Grube-Heinecke. – 8. Aufl. –
Berlin : Volk u. Wissen, 1988. – 302 S. : Ill.; Noten
NE: Borde-Klein, Inge [Hrsg.]

Auszeichnung „Schönstes Buch des Jahres" Leipzig
1976

ISBN 3-06-262630-5

© Volk und Wissen Volkseigener Verlag Berlin 1976
8. Auflage
Lizenz-Nr. 203 · 1000/88 (UN 2626300-8)
LSV 0635
Redaktion: Waltraut Singer
Einband und Illustrationen: Regine Grube-Heinecke
Zeichnungen: Rainer Grube
Typografische Gestaltung: Atelier vwv, Frank Schneider
Printed in the German Democratic Republic
Gesamtherstellung: Grafischer Großbetrieb
Völkerfreundschaft Dresden
Schrift: 9/9/11 p Sabon, Linotron
Redaktionsschluß: 15. Juli 1987
Bestell-Nr. 706 856 3
00640